復刻版

遊行 一遍上人

吉川 清 著

たにぐち書店

吉川清著

遊行 一遍上人

佛々
相念

東京 紙硯社 發行

目次

傳記の解題

第一章　一遍成道　三十六歳……一七
第二章　師資再會　三十八歳……四七
第三章　他阿隨逐　三十九歳……七三
第四章　をどり念佛　四十一歳……八九
第五章　陸奥より鎌倉へ　四十二歳――四十三歳……一〇九
第六章　上洛　四十四歳――四十六歳……一三九
第七章　中國賦算　四十七歳――四十九歳……一六五

第八章　故郷へ　五十歳……一八六
第九章　示寂　五十一歳……一九九
第十章　教義……二二一
第十一章　時衆……二三九

装幀　鳥海青兒

傳記の解題

聖道淨土の法門を、さとりとさとる人はみな、生死の妄念つきずして、輪廻《りんね》の業とぞなりにける。

一遍

遊行 一遍上人

一

一遍は今より七百年以前、鎌倉中葉に出世して、身をもつて無執着をとき、念佛賦算《ふさん》をいのちとして日本國中をあまねく巡歷して念佛を勸めた捨聖《すてひじり》である。捨聖とは、一遍自らの呼稱であつて世の人は彼を遊行上人と呼んだ。

一遍の誕生の日までに、我國に傳來せる佛敎は、その初傳の年より約七百年の歲月を閲してゐた。この間佛敎は飛鳥《あすか》寧樂《なら》平安の各時代に巨大なる文化財を殘した。はじめ朝廷を中心として佛敎は次第に公家貴族の間に傳り武家階級に及び、この時代には最後に殘れる庶民階級に及ばんとして、都市山嶽より地方に流通せん爲には哲學的藝術的な粉飾を捨て、宗敎本來の姿に還らんとしてゐる最中であつた。

一遍出生に遡る一百年は平家興隆の時代であり、その五十年には、もはや平家は滅びて源氏がこれに代り、また、その十年前には、源氏の正統はやくも絕えて北條氏が政權を奪つてゐた。このめまぐるしきばかりの世情の變遷には必ず戰亂を呼び起し、かの保元、平治承久等の大合戰相つぎ政權爭奪の爲には父子叔姪食むといふ背倫沒義のいまはしき風を生じた。あまつさへ承久の變には三上皇奉遷のかつて我國史の前後に比をみざる暴逆が敢行されたのであつた。

かくの如く上に政治なく下に明倫なき暗澹たる時代の繼續は庶民階級をして悲慘のどん底に追ひ込み、庶民に寧日なく、民の流離に泣くもの數を知らずといふ收拾すべからざる狀態に到らしめた。

この時、一遍は三國傳承として、我國に傳來せる佛敎以外に、直接わが國神によつて、神宣として暗示されたる新らしき佛敎を開創し、專ら悲歎に沈める庶民の間を巡歷して、彼等の救濟にあたつた。一遍が、わが國神によつて、この土日本に於て、我國人たる一遍によつて念佛一法を開顯したることは日本佛敎として稀有なる記錄をもち、彼が下化衆生の敎化者として念佛勸進に用ひたる賦算化益は、はからずも日本宗敎思想史上に獨特なる創見となつた。

二

一遍は、その死する日に先立つこと十三日、正應二年（皇紀千九百四十九年）八月十日の朝まだきに、かねて期することとあつて、所持の經典自著の教說の全部を火に投じ燒きすてゝしまつた。現在我等が一遍の著作に觸れることの出來ない理由は一にそこにある。しかし乍ら、それによつて我等は一遍の教說を知ることを得ない譯ではない。何故ならば、それは一遍のその意志に反して、彼の一代の教說、一代の行實の重要なるものが二種類程殘されてゐる爲である。それは繪卷物と語錄の形式によつたもので詳しくばその一は一遍上人繪卷物として、他の一は一遍上人語錄として共に彼の死後直ちに彼は弟子によつて追慕のあまりに編纂されたものである。

繪卷物とは、その事柄を詞書――繪と繪の間の文章――するとともに、その意圖せる繪畫を畫圖して交互し卷物とするの方法によるもので鎌倉時代より室町時代の中期にかけて最も盛行し、あたかも鎌倉新興佛教の流傳と相俟つかの如く時を等しくして流行したのである。殊に日本淨土教の始祖法然、淨土眞宗の開祖親鸞、遊行時宗の元祖一遍の如きは最も繪卷物の好資料として取材され特に多數の繪傳を有してゐる。就中、一遍の生涯は最も動靜に富み、あらゆる場所あらゆる人物あらゆる場面に接してゐるので畫人の制作意慾をそゝりたくまずして豐富なる構想を與へたので前二者に比しても質量共に多くのものが殘された。

語錄とは高僧の日常の教語談話をその門人侍者が筆錄編纂したものを云ふ。これ等の中より一遍の教說閱歷を採錄せる最も重要なものを擧げると、

繪卷物及び語錄

一、六條緣起　十二卷

一、一遍上人繪詞傳　十卷のうち前四卷語錄

一、一遍上人語錄　上下二卷

一、播州法語集　一卷

記録
一、奉納縁起記　一巻
を數へることが出來る。以上の典籍は一遍の教説閲歷の研究には眞に缺くべからざる根本的なものであると云つても過言でなく、これ等に據らずして一遍を知らんことは頗る困難なことである。順序としてこれ等の根本典籍に就いて簡單な解説を試みることにしよう。

三

六條縁起　十二巻　聖戒記
一名を一遍上人六條縁起、一遍上人傳、一遍上人一期修行畫圖、一遍聖行狀繪傳、六條道場本といふ。（本書には六條縁起として引用す）
六條縁起は普通、聖繪《ひじりゑ》と呼ばれ、又一遍上人聖繪とも云はれるのであるが原本が京都市六條觀喜光寺に所藏されてゐる關係から六條緣起とされる場合が多い。一遍の事蹟を記した最も古き記錄であつて、一遍の死後十一年目の忌日、正安元年八月廿三日に完成された十二卷の繪卷物である。絹本着色、竪幅一尺二寸六分、長さ各卷約三丈餘、他に同朋の傑作春日權現靈驗記（二十卷）の外に類例の尠い支那絹に描かれた繪卷物の壓卷である。繪卷物が正安元年に完成されたことは、その奧書に明記されてゐる。

その詞書は一遍の眞の甥（或は弟とも云ふ）にして彼の法資である聖戒《しようかい》が記述し、繪は大和繪（倭繪）第一流の巨匠法眼圓伊《えんい》が靈筆を振ひ、外題は公卿經伊《つねたゞ》卿、詞書の筆錄は當時の貴顯が筆を競つた。著述者聖戒は一遍の最初の弟子であり、幼少の頃より一遍に隨ひ、一遍の最後の遺戒も彼が筆記した。それ故六條緣起の詞書には親眷相寄り相いつくしむ美しい情景が屢ゝ點出と讀むものをして感慨を深くさせる。その上聖戒は和漢の學に達識し、佛教の識見も高く、當時の文化人との間に深き交渉あり學德兼備な名僧であつたばかりでなく非常なる名文家であつたので著作として殘されたる六條緣起は尤もよく一遍の眞面目を傳へた。けだし聖戒は一遍の傳記作家として最も適當な人であつて彼が六條緣起を起稿するにあたつては彼自身更に一遍の巡歴の跡を巡拜した程の熱情をもつてそれに當つた程である。六條緣起（十二卷）の內容は、ことごとく一遍の行實をもつて埋め一遍の開歷教說は能ふる限り記載して詳細を極めて、しかも首尾一貫しよく一遍の行狀、衆生濟度の功德、一遍己證の述義としての偈、頌、書簡、和歌、和讃等を網羅してゐる。一遍の全歷を知る爲にはまづ第一に指を屈しなければならぬのは、これである。（本書は六條緣起として、その約三分の二を引用した。）

一遍上人繪詞傳　十卷のうち前四卷宗俊述一名を一遍上人緣起、一遍上人繪緣起、一遍上人繪詞、藤澤道場本といふ（本書には繪詞傳として引用す。）

繪詞傳は藤澤市の時宗總本山淸淨光寺に珍藏されてゐた新古二種類の名寶であつたが惜しい哉共に烏有に歸し現在は江戸時代の模本を殘すのみとなつた。しかし、此の樣式の一遍上人繪傳は、その流通に宗門が力點を置いた爲に尙十數本繪傳又は殘缺が各所に殘されてゐる。

これは遊行二代他阿眞教《しんきよう》の弟子宗俊《そうしゆん》の記述したものと傳へられ、一遍と二祖他阿の遊行相續を主眼として制作したと見るべく、そのため一遍に關する記述は全卷の五分の二、四卷を費してゐるに過ぎない。これは六條緣起に遲れること數年の後に完成し一遍に關する部分は六條緣起の內容を抄錄したものであるが、たゞ六條緣起に載らない貴重なる二三の傳道書簡と法語を收めてゐる。

一遍上人語錄　上下二卷

一遍上人語錄は、彼の弟子達が繪卷物制作にあたつて蒐集した一遍の言說行狀と繪卷物に記載洩れの分を一にして編纂したものであつて、語錄上卷の大部分は六條緣起、繪詞傳に揭げられた同一內容のもの、下卷は弟子に敎戒した一遍の言葉を整理したもので、一遍が播磨《はりま》（岡山縣）に於て持阿彌陀佛と問答した時の法語が、その中心である。

播州法語集　一巻

播州法語集は持阿彌陀佛が一遍と問答した法語であつて、語錄下卷は殆んどこれに取材した。播州問答集は江戶時代これと語錄下卷を照合して漢文體に書き改めて二卷としたものである。

奉納緣起記　一卷　眞致記

宗俊本の一遍上人繪詞傳の原本か、類本かに嘉元四年六月一日、遊行二祖他阿が熊野權現に奉納した奉納緣起（十卷）があつたことを傳へてゐる。それは數度の熊野本宮炎上の際に亡失して、今は見る由もないが、これを他阿（眞致）が奉納するに際して起草した奉納緣起記なる一卷が殘つてゐる。これによれば七條緣起等に記載されない一遍の成道直前の神佛巡拜の經過と眞敎が一遍に歸したる顚末等を知ることが出來る。

（本書は以上擧げたる資料を綜合し、殊に六條緣起を根本資料として一遍が如何に成道し、如何に巡歷して、世に遊行上人と呼ばれるに至つたかを記し度いと思ふ。

第一章　一遍成道　三十六歳

一

一遍は延應元年（皇紀千八百九十九年）四國の伊豫に誕生した。今をさること七百年の昔である。一遍の祖父河野通信《みちのぶ》は、その地の豪族河野家の首領として武名を轟かした人であつた一遍の父は通信の五男、別府《べふ》七郎左衞門と稱し通廣と呼ばれた。一遍は通廣の次男である。

一遍が呱々の聲をあげて誕生せし時は既に河野家は沒落し家運は沈滯の極にあつた。元來、河野家は伊豫郡を本據として平安末期より次第にその勢力を扶植し、遂に越智郡に侵入して三島大山祇神を氏神としたる乎智《をち》（越智）氏を併呑して越智姓を冒すに到つた。それは一遍の祖父通信より溯る三代の親經の代であつた。國造本紀・群書類從、新撰姓氏錄

によつて河野氏系圖を綜合して圖表すると、

神武天皇―神八井耳命―伊豫國造┬玉興（越智家本流）
　　　　　　　　　　　　　　└玉純（又は玉澄、河野家祖と稱す）……爲世

河野新太夫親經―三嶋三郎伊豫權介河野冠者親清―通清―河野太郎通信┬通俊
　　　　　　　　　　　　　　　　　　　　　　　　　　　　　　　├通政
　　　　　　　　　　　　　　　　　　　　　　　　　　　　　　　├通末
　　　　　　　　　　　　　　　　　　　　　　　　　　　　　　　├通久
　　　　　　　　　　　　　　　　　　　　　　　　　　　　　　　├通廣┬通朝（又は通眞）
　　　　　　　　　　　　　　　　　　　　　　　　　　　　　　　│　　├智眞（一遍）
　　　　　　　　　　　　　　　　　　　　　　　　　　　　　　　│　　├伊豆房（仙阿）
　　　　　　　　　　　　　　　　　　　　　　　　　　　　　　　│　　└通定（聖戒）
　　　　　　　　　　　　　　　　　　　　　　　　　　　　　　　└通宗

となり、一遍に至る順序は大略右の如くであるが、これによれば河野家は通信迄に四十三

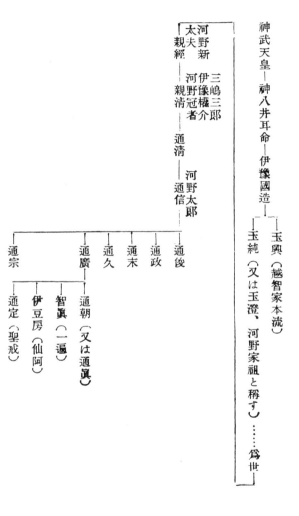

代の相續ありとしこの系統は更に通久によつて代表されて、その孫通有は四十八代の當主として元寇襲來には大いに武功を樹てたのである。

しかし最近研究の結果によると河野氏と越智氏とは別の系統であつて、河野氏は越智氏を併合して系圖に縫合せを生じたといふ說が正確とされるに至つて河野家の家系は爲世以前は明瞭を缺くに至つた。即ち爲世の系統から出て河野家を伸張した親經は上浮穴の山間地方より海岸に進出して、その女に娶すに源頼義の伊豫任國中に出生せしめた三嶋四郎をもつてし、河野家を繼承せしめて河野冠者と名乘らせ、こゝに邊陬の土豪河野家は淸和源氏と深き交涉をもつ端を開いたと傳へる。

以來、河野家は源平爭鬪の間常に平家の地盤たる西國にて源氏の爲に孤軍奮鬪し、一遍の曾祖父通淸は養和の合戰に居城高繩山を平家方の額《ぬかの》西寂に攻略されて戰死し、その子通信は平家滅亡に及ぶ迄終始源氏の部將として力戰し、平家滅亡後は賴朝より伊豫半國の守護職を命ぜられ更に賴朝の藤原泰衡を遠征するに從軍し戰功によつて二郡を加へ、源氏の柱石として西海に勢威を誇つた。しかるに源氏は三代にして平氏を稱する北條氏の爲に政權を奪はれた。そのことは源氏の勃興と共に家運の昌隆を招く機會を得た河野家の頭上に忽ち暗い翳が掩ひかゝることとなり河野家の苦境は日に日に深まつて來た。

時あたかも京都に於ては御英邁なる後鳥羽上皇の皇權御恢復の御企圖あり、これより先通信の嫡子太郎通政は上皇の西面の武士として、上皇御守護に任じ居ること等によつて、通廣は上皇の秘かに憂國の志士をかたらはせ賜ふ院宣を戴き、承久の變にはその徒五百餘人に將として北條氏を討つことになつたのである。悲しい哉、武家政治の餘澤はこの時に於て天朝の尊きを知らず官軍に參加せる武士は僅かに壹萬七千五百騎に過ぎず、關東より攻め上つた幕軍は十九萬餘と記されてゐる。

通信は京師附近の廣瀨に出陣し、雲霞の如き關東勢を邀擊して敗れた。この時勝てる幕軍は畏れ多くも三上皇を遷し奉り朝廷に馳せ加りたる公卿及び武士の所領を悉く沒收して幕府の陣營にあつた幕將に頒ち、これを地頭職に補した。この變によつて賊軍が强奪した官軍の所領は三千餘ケ所にのぼり、この所領を獲たものは從來の地頭と區別するために新補地頭となし從前の地頭を本補地頭と改稱した。

河野一族百四十餘人の所領は勿論、特に首領通信は先祖傳來の所領、壽永の恩賞、元歴の加領五十三個所は云はずもがな、公田六十餘町をも悉く沒收されて守護職、三嶋七島の社務職を剝がれた上僅かに死を免ぜられて奥州平泉の山野に流謫されることになつた。

二

しかるに河野一族の中には通信に與せぬものあり、或は京師附近の賊軍にあつたが爲に止むを得ず官軍を攻めるに到つたものもあり、その結果は河野家に於ても平安末期の武将の一族が父子兄弟叔姪相別れて運命的な爭鬪を繰り返したるが如きことを偶然にも演ずることになつて、このいまはしき風は其後も河野家に續いたのである。かゝる一族兄弟相剋の間にあつて通信の五男、一遍の父通廣の行動に就いては今猶知るを得ないのであるが、たゞ、一遍上人故細集なる本には通廣が病氣によつて承久の變の何れにも屬すことが出來なかつた由の記述がある。しかし、今後、彼が拜志郡の別府の莊たる所領を辭し、道後に隱棲したこと、關東に與したる通久等の子孫が繁榮したにも關らず、彼の子孫に幕軍にあつたといふ長男通朝を除いて皆出家したる點より推して通廣の立場なり態度を想像し得るのみである。こゝに承久の變を去ること十九年、延應元年二月十五日の卯の刻(午前六時)一遍は、かゝる時代の重苦を荷負して雄々しくも誕生したのであつた。それは溫泉郡東奥谷の由緒深き天台宗の大刹寶嚴寺々内に營まれたる通廣のさゝやかなる別墅に於てゞある。

その年は、人皇八十七代四條天皇の御宇、釋尊滅後千百九十年、和國の教主聖德太子の薨去を去る六百十八年、沙彌教信の死後三百七十三年、空也光勝の西化以來二百六十八年法然寂後二十八年目の年であつた。この歲道元は盛んに曹洞禪を唱へ、日蓮は年齒やうやく廿一歲、出家して三年目にあたり、親鸞は六十八歲の高齡に達してゐた。

一遍は幼名を通尙《みちひさ》と呼ばれ、松壽丸と愛稱された。彼の父通廣は京都大番に勤士たりし時、法然の高弟證空《しようくう》(西山派々祖)並びにその弟子華台《けだい》より法門を學び淨土宗に歸してゐたので彼等の家族は新宗教の信奉者として貧しい乍ら幸福の月日を送つてゐたのであつた。通尙は七歳に成長して河野家の學問所得智山繼敎寺にて受學し繼敎寺の住持律師縁敎を師として初學を學んだ。それより三年して寶治元年、通尙は十歳にして母の喪に遭ひ、その爲に出家を遂げた。

三

一遍ひじりは、俗姓越智氏河野四郎通信が孫同七郎通廣が子なり。延應元年（己亥）豫州にして誕生、十歳にして悲母にをくれて始めて無常の理をさとり給ひぬ。つゐに父の命をうけ出家をとげて法名は隨縁と申しけるが（六條縁起第一）

六條縁起の著者聖戒は、その著作の卷頭に一遍の出家の原因をかくの如く述べてゐる。彼は母の死によつて、その學問の師である縁敎に從つて剃髮出家して通尙の俗名を捨てゝ隨縁と名乘つた。法然の出家は彼が九歳にして父をうしなひ、親鸞は四歳にて父に八歳にて母に別れてより、道元は三歳にて父の死にあひ、八歳にて母に訣れて、おのおの出家したのであつて、思へば此等鎌倉時代に道心の聞え高き、淨土宗、淨土眞宗、曹洞宗、時宗の各祖師の何れもが不思議に父の緣母の緣に薄かつたことである。鎌倉時代の佛教の精華と認められる此等の人々に人生無常の理が如何ばかり彼等の童心を薫習し、それが無言の激勵となつて、やがて、此等の薄命の子等によつて日本佛教の大改革が斷行されたことは蓋し蔽ふべくもなき因緣の吻合である。

一遍が終生師と仰ぎ、淨土の教を受けた人は九州の聖達《しようたつ》である。聖達の傳歴に就いても詳細に知ることを得ないのであるが、彼は法然門下の逸足西山證空の高弟であり西山義に於ける有力なる法將であつた。

建長三年の春、十三歳にて僧善入とあひ具し、鎭西に修行し、太宰府の聖達上人の禪室にのぞみ給ふ。上人學問のためならば淨土宗の章疏文字よみしてきたるべきよし示し給ふによりてひとり出で肥前國清水の華台上人の御もとにもうで給ひき。(六條緣起第一)

隨緣が無意識の希望にふくれて太宰府なる聖達の許を訪れ、間もなく師命によつて、ただひとり聖達の法兄華台を肥前に尋ねたことを六條緣起はさう書いてゐるが華台なる人の傳記もあまり明確には知られてゐない。しかし彼は曾つて以前、一遍の――隨緣の父通廣が京都にあつて親交した僧であることを六條緣起はその第十に記してゐる。華台は隨緣の來投をこよなく喜び、日夜膝下において薫陶したことであつた。一遍が終生の呼名とした智眞の法號は華台によつて授けられた。華台はその奇緣にも勝して驚嘆したことは智眞の俊爽憶持の法器であることで、それを知つて彼が更に意を加へて提奬したことは言をまたない。智眞は孜々として勵み、わづか三ケ年にて淨土の初學を完了した。華台は聖達との約束によつて智眞を太宰府に返した。

上人（華台）あひ見て、いづれの處の人、なにのゆへにきたれるぞと問ひ給ふに事のをもむきくはしくこたへ申されければ、上人さては昔の同朋の弟子にこそ、往時いまだわすれず舊好いとむつまじ。さらばこの處に居住あるべしとて名字を問ひ給ふに隨緣と申すよし答へ給ふに、隨緣雜善恐難生といふ文あり。しかるべからずとて智眞とあらため給ひき、さて彼の門につかへて、一兩年研精修學し給ふ。天性聰明にして幼敏ともがらにすぎたり、上人氣骨をかゞみ意氣を察して法器のものにはべり、はやく淨敎の秘賾をさづけらるべしとて、十六歲の春、又聖達上人の御もとにをくりつかはされ給ひけり

（六條緣起第一）

智眞は華台の庵を辭して亦聖達の許に還つた。聖達はこの頃齡五十歲に達し學識信念共に圓熟して、その門に聖觀、顯意（聖惠）等の俊秀を薫育しつゝあつた。聖觀に就いては東大寺の碩學凝然の淨土法門源流章に師聖達と共に筑紫に布敎したことが並記されてゐるのを見ても彼の名が遠く奈良の凝然の耳に達してゐた。顯意は他日西山義の記主——その派の最も著書多き人——と稱せられた淨土宗西山派の不世出の俊才と目された道教顯意のことである。智眞はかくの如き師と先輩との間にあつて、日夜肉をそぎ骨をけづり取るや

うな勉學を續けた。春秋十二年、智眞が廿五歳に至る少年より青年期に達する迄の間に彼が勉學した教義は一般佛教學の外には淨土教の解釋、西山義の奥義等に亙つた。

四

弘長三年五月廿四日、父如佛は伊豫にて死去した。訃報はやがて勉勵攻究中の智眞の手にもたらされた。智眞はこれを契機として、やがて六十歳に達せんとする聖達の學舍を辭して歸國した。後に一遍が彼の教義を述べる際に多く西山教義の名目を依用する根據は實にこの十二年の修學によつて培はれたのである。

これより智眞は何故かそのまゝ伊豫にとゞまつて再び聖達の許には歸らなかつた。六條緣起其他の書物上にも此の間に於ける智眞の宗教生活を明示したるものはなく、こゝに彼の宗教生活は完全に空白時代となる。彼がまつたく消息を絕ちてより再び六條緣起に登場するのは、それより九年目である。智眞が青年僧として、かの聖達の門にあつて諸教を渉獵し螢雪の勤懈怠りなく佛法に焦心しつゝあつた時、聰明穎敏なる彼を極度に苦しめたものは自高卑他であつた。彼の學殖が深くなればなる程疑團はいよいよ增し、才學慢心の結果は彼の學解はながく氷結して彼の前途を暗くした。後に彼が述懷したところの

自力我執の時、我執驕慢の心はおこるなり。其ゆへは、わがよく意得、わがよく行じて生死を離るべしとおもふ故に、智慧もすゝみ行もすゝめば、我程の智者われ程の行者はあるまじとおもひて、身をあげ人をくだすなり。他力稱名に歸しぬれば、驕慢なし、卑下なし。其故は、身心を放下して無我無人の法に歸しぬれば、自他彼此の人我なし。田夫野人尼入道愚痴無智までも平等に往生する法なれば、他力の行といふなり。般舟讃に「三業起行多驕慢」といふは自力の行なり。「單發無上菩提心、廻心念々生安樂」といふは三心をすゝむるなり。自力の行は驕慢おほければ、三心をおこせとすゝむるなり。

（一遍上人語錄卷下）

の前半の文章は、その當時の苦き體驗を物語つて云つたことであらう。彼が勃々たる雄心抑ふるに抑へ難く、覇氣に苦しみ、狷介に身を燒き、知見解會に日夜苦惱をつゞけたことは、同じ語錄に、

我が法門は熊野權現夢想の口傳なり。年來淨土の法門を十二年まで學せしに、すべて意樂をならひうしなはず。しかるを熊野參籠の時云々（一遍上人語錄卷下）

又、

我といふは煩惱なり、所行の法と我執の機と各別する故に、いかにも我執あらば修行成ずべからず。一代の敎法是なり「隨緣治病各依方」といふも、是自力の善なり。（一遍上人語錄卷下）

によつても知ることが出來る。そして彼は、その結果として父の死を境に伊豫に歸り、田

園に起臥して空白時代を過した。

五

一遍が廿五歳に歸郷して以來のことを六條緣起には、

建長四年春のころより聖達上人に隨逐給仕し給へり。首尾十二年淨土の教門を學し眞宗の奥義をうけ給ひし程に、弘長三年癸亥五月廿四日、父如佛歸寂の時、本國へ歸り給ひぬ。そののち或は眞門をひらきて勤行をいたし、或は俗塵にまじはりて恩愛をかへりみ、童子にたはぶれて輪鼓《りうこ》(獨樂の一種)のあそびなどもし給ひき。ある時此の輪鼓地にをちてまはりてやみぬ。これを思惟するにまわせばまはるまはさざればまはず、われらが輪廻も又かくの如し。三業の造作によりて六道の輪廻たゆる事なし。自業もしとゞまらば何をもてか流轉せむ。こゝに、はじめて心にあたて生死のことはりを思ひしり佛法の

むねをえたりきとかたり給ひき。（六條緣起卷一）

と、智眞が輪鼓の廻轉を停止したのを見て、はじめて本來の面目に戻つたことを述べてゐる。それでは智眞はこの間何をしてゐたであらうか。「或は俗塵にまじはり、恩愛をかへりみ」の一段より推考すれば智眞は此の間還俗してゐたとの解釋もなりたつ。それに加へて北條九代記其他にも、それと覺しき記事を散見する。北條九代記は江戸初期に制作された俗書であるが鎌倉期より室町期にかけての民間に傳へられてゐた一遍の青年時代の面影を次のやうに收錄してゐる。

それによると「一遍上人は伊豫國の住人河野七郎通廣が次男なり。家富み昌へて國郡恐れ隨ひ、武門の雄壯なりければ四國九州の間は他に恥づる思ひもなし。二人の妾あり何れも容顏美しく心優しかりければ寵愛深く侍りき」とあつて、その後、愛妾二人が晝寢の時毛髮が小蛇となつてからみ合ひたるを見て、一遍は出家したと書いてゐる。一遍の時衆が後に時宗として完成し智眞一遍を宗祖傳の形式によつて說明した一遍上人年譜略には、この事が親類のものの所爲となつてゐる。六條緣起の智眞卅六歲伊豫出發の文永十一年の繪には出家したらしき二人の女性と青年の比丘（男僧）を伴つた一遍を描き、それに聖戒が「超一超二念佛房此三人發因緣雖ㇾ有奇特、恐繁略ㇾ之」と註してゐるのは意味深いことだ。智眞の九年間の行狀に就いては他に捜るべき資料はない。

六

文永八年秋、伊豫國溫泉郡坂本村にある窪野といふ所にひそかに草庵を結んで念佛三昧に耽つてゐる一人の僧があつた。それは六條緣起の上から宗敎的修行の點で何の記錄も持たない智眞が再び求道僧として、また眞の出家として再出家した姿であつた。彼が聖戒の六條緣起に現はれたのは、それより少し以前のその年の春からである。「文永八年の春、ひじり善光寺に參詣し給ふ。」として書き始められた、その章には、彼が善光寺に參籠して、唐の善導大師が淨土信仰の行者の爲に二河白道の譬喩をもつて敎へた事を繪畫によつて説明したる二河譬の繪畫を得、それを背負うて伊豫に歸つたことを記してゐる。

それより三ケ年、文永八年より十一年迄は智眞の山中籠居であつて、彼はこの間、專ら既往の生活と學行信念を整理統一するために費すことになるのである。六條縁起に、

同年（文永八年）秋のころ、豫州窪寺といふところに青苔緑蘿の幽地をうちはらひ、松門柴戸の閑室をかまへて、ひとり經行し、萬事をなげすてゝ、もはら稱名す。四儀の勤行さはりなく三とせの春秋を、をくりむかへ給ふ。かの時己心領解の法門とて七言の頌をつくりて本尊のかたはらにかけたまへり。其の詞に云く、

十劫正覺　衆生界
一念往生　彌陀國
十一不二　證無生
國界平等　坐大會

（六條縁起第一）

と智眞が卅三歳から卅五歳までの事を記してゐる。

善導の二河譬とは煩惱と惡業に懊惱する凡夫の現實と理想との相剋を巧みなる譬喩をもつて示したものであつて、この時、智眞の緊迫せる心境には阿彌陀佛像も名號も彼の本尊とするの餘裕なく、この譬喩を繪畫された一軸の下にあつて日夜苦修することが彼の過去を反省し、未來を暗示する最も痛切な行事であつた。二河譬がしばらく智眞の本尊となつた理由はそこにある。

智眞が窪寺にあつて苦修精進の狀態は二河の白道の間を惡獸に追はれてさまよふ旅人の絕體絕命の心境に匹敵した。彼はこの間に縱橫に交錯したる三十餘年の人生生活を整理し分裂に分裂を重ねてゐた二十餘年の教學の整理を斷行したのである。その結果、彼がこの別行にて歸結したる要旨は、所謂十一不二頌として結晶せる「十劫正覺衆生界、一念往生彌陀國、十一不二證無生、國界平等坐大會」の廿八文字であつた。彼がこの二十八文字によつて示したる一頌の內にはよくこの淸淨離慾の別行によつて批判し盡したる淨土門の教學の全てを包含し、彼の淨土教はまつたく整理統一を終つて完成を遂げた。これによつて智眞の佛性は塵を拂つて顯現し、彼の心魂は明鏡の如くあかるく澄み渡つた。

智眞が「十一不二頌」によつて整理したる彼の既往二十餘年の教學上の願求は、こゝにやうやく彼の求道生活の願望と完全に合致し彼の求道修行は、その求道修行しつゝあつた歷程の所詮は、やはり淨土三部經に明すところの名號、即ち南無阿彌陀佛なりと決定したことである。この偈の成立は智眞の求道の最後の歸結であつた。

これによつて智眞は重大なる決意と念願に燃えて文永十年いよいよ窪寺の閑居を引き拂ひ、更に山深くわけ登つて約半ケ年の間同國上浮穴郡大寶寺奥の院の岩窟に起居して心魂を修練する。六條緣起に「さて、此の別行結願の後はながく境界を厭離し、すみやかに萬事を放下して身命を法界につくし、衆生を利益せんと思ひたち給ふ。」（六條緣起第一）と彼は窪寺より南して四國山脈に攀《よち》のぼつて行つた。それは智眞の卅五歲の或る夏の日であつた。

七

従寺に於ける智眞の別行の結果は、宗教者として勝利を獲得した最初の記念すべき日であつた。智眞はよく現實の絶對面と對峙して、しかも、よく大障壁を打砕して光輝ある勝鬨を擧げ、宗教者としての絶對的條件をかの十一不二頌に表して、學的體系として、また信念の表白としての旗印とした。しかしながら、それは、なほ智眞の醇乎たる信仰事實としては完璧ではなかつた。彼が三部經に明かす名號は南無阿彌陀佛也と決定したことは正しいのであるが、それが一念往生の教義が信仰事實の上に念卽無念として信證される迄には更に自力の漆桶を打破しなければならず、彼が天眞獨朗の境地を自受法樂する爲にも彼は尙幾多の障碍に逢着しなければならなかつた。さればこそ、智眞はその後に彼が自得した信念表現の形式に屢〻訂正すべき個所を發見したのである。この最大な試練は間もなく彼が熊野參詣の途次に當面することになつたのであるが、それはしばらくおくこととして、智眞が大寶寺の山中のことを述べて見度い。

六條緣起の著者聖戒はこの時、智眞に同伴し、それより直後數年を別として後の半生を一遍の死に到るまで彼の左右にしたがつた。聖戒は一遍より若きこと二十二、浮穴の岩窟に行つた日は十三歲であつた。聖戒はこの山中にては出家せず通定と稱してゐた。彼は智眞の兄通眞（通朝といふ――ともにミチトモと訓む）の子であり、相續問題か所領問題の何れかの爲に智眞の懷に逃れて來てゐた。その爲に智眞は岩屋不動退出後に思はざる大難にあふのである。

通定はいたいけなる身をもつて、智眞の行化をたすけ、智眞が谷におりて岩清水を汲めば、彼は山に登つて枯枝を拾ふなどして暮したことを後に聖戒は美しい文章に托して六條緣起にそれを述べてゐる。

岩窟内の小堂にあつて智眞の心境はいよいよ澄み、專ら彼が究明した窪寺思索の結果を檢討する爲に日夜を忘れてゐた。その爲に、ほの暗き岩窟の狹さも智眞には維摩の方丈に勝り、食糧の缺亡も顏回の陋屋を偲べば足りた。たとひ嚴冬來りて誦經の聲の空に凍り、法鈴の響雪にこだますと雖も佛法味を愛樂することきはまりなく、これはまた智眞の澄心を讃ふ天聲とも聞えた。

智眞の岩窟に過した期間は約六ケ月であつた。この間智眞の心境は只管澄心三昧であつたとは云へ、又、それはあたかも滿を持して發たざる矢の如き緊張せる期間であつたとも云へる。

文永十一年、春淺き一日、彼は遂に堅き決意を定め、こゝより下山の後は身命財を投げ捨てゝ一切衆生の爲に偏へに往生の法を說き、ともに如來の大悲に浴さんことを胸に秘めてしづしづと山を下つた。智眞卅六歲。

八

智眞は山を降つた。彼が山を下る素因は一切衆生の救濟にあつた。しかし、彼が山を下るのを待ち受けてゐたものは彼によつて、往生の要法を聞かんとする一切衆生ではなかつた。それは通定に關する物質上の問題よりして彼を殺害せんとしてゐた輩であつた。一遍上人繪詞傳開卷第一の繪は片鬢を傷けられた智眞が敵の手許に躍り込み、彼を傷けた敵より大太刀を奪ひ取り一條の血路を開いて鮮血したゝる大刀を肩にして一目散に逃走する圖である。そしてその場の説明に、

爰に近來一遍上人と申せし聖の念佛勸進の趣承るこそありがたく覺え侍れ。此の人は伊豫國河野七郎通廣が子也。建長年中に法師と成りて學問などありけるところ親類の中に遺恨をさしはさむ事ありて殺害せむとしけるに疵をかうぶりながら、かたきの太刀をうばひとりて命はたすかりにけり。發心の始此の事なりけるとかや（繪詞傳第一）

と述べてゐる。繪詞傳は開卷第一にこの記事を置き智眞の全半生には何等筆を及ぼしてゐない。繪詞傳が露骨に河野家のいまはしき刃傷事件を智眞の發心《ほつしん》した動機としてゐるのに前半生を詳述してゐる六條緣起はこのことを「夫眞俗二諦は相依の法、邪正一如は實行の

ことはりなれども、在家にして精進ならんよりは山林にしてねぶらむにはしかじと佛もをしへ給へり。又聖と鹿とは里にひさしくありては難にあふといへる風情もおもひあはせらるゝこと侍り、しかじ恩愛をすてゝ無爲にいらむには。」（六條緣起第一）と一遍が田園舍宅をすてる決心のくだりに「聖と鹿」にたとへて、この事件を僅かに認めてゐるに過ぎない。思ふに聖戒はこの事件の中心人物であり、智眞にも大なる迷惑を蒙らせてゐるので、これを詳述することは彼としては耐へられぬことであつたから婉曲な表現をもつてそれを糊塗し眞相を描くことを極力避けたのであらう。

智眞が萬事を放擲して捨身の大行に決意を示した時、その時代背景たる日本の社會情勢はどうであつたか、文永十一年は龜山天皇御即位第十二年、幕府には將軍惟康親王、執權は北條時宗廿四歲。海の彼方にては蒙古は歐亞にまたがる大帝國を形成して着々我國を侵略せんと機會を窺ひ、その牒報はひきもきらず、あたかも山雨いたらむとして風樓に滿つといふ有樣で上下の驚き言語に絕してゐた。蒙古はもと朔北の地に崛起して中央支那に南下して金を亡ぼし宋を壓迫し、歐洲に兵を遣りて空前の大帝國を建設し文永二年より同八年の間に修好を名として三回も使者を我國に送り、ひそかに我國の來貢を求めた。然るに我國に於ては畏れ多くも天皇は玉體をもつて國難に代らせ賜ふことを神々に祈り給ひ、執權時宗は若年とは云へ夙に同族間の紛爭を鎭めて擧國一致外寇にあたるの態勢をとゝのへた。

智眞が山を下つたのは恰度この時であつた。彼は山を下るや否や身を挺して一族間の紛議の鎭定にあたり、彼自身の財產のすべて（この時まで彼は多少の財產をもつてゐた。）――家屋、田地、堂宇――を捨てゝ一切衆生の爲に、天地法界に「和」の世界を成就せんとの志のために、彼は他國侵迫の風雲急なる時、我國の國家社會の重苦を一身に收縮して故鄉を立退くのであつた。

九

遊行二祖眞敎の自筆と傳ふ奉納緣起記によると文永十一年二月八日伊豫を後にした（六

條緣起第二）智眞は三人の同行を連れて九州に渡り宇佐八幡に參詣し、同年の夏迄に大阪の四天王寺、男山八幡宮、紀州の高野山を巡拜したことを述べてゐる。後に智眞が日本全土を遊行するにあたり、その生命とした念佛賦算は——南無阿彌陀佛の紙片を配ること——大阪の四天王寺で始めて行ひ、それより彼はその方法に從つて名號の札《ふだ》を配り乍ら高野に着した。それは、その年の晩春から初夏にかけての頃である。彼はそれより修驗道の道者と共に熊野に入山するの豫定のもとに三人の同行と別れて眞言宗當山派の修驗の道順に從ひ熊野に入山したのである。

六條緣起は智眞の熊野道中にて、彼の念佛勸進が宗教の根本生命たる信不信の問題に究明を缺いてゐたが爲に意外なる弱點を暴露したことを次のやうに書いてゐる。

こゝに一人の僧あり。聖すゝめての給く、一念の信をおこして南無阿彌陀佛ととなへてそのふだをうけ給ふべしと、僧の云へいま一念の信心をこり侍らず、うけば妄語なるべしとてうけず。聖の給く、佛敎を信する心おはしまさずや、などかうけ給はさるべき。

僧の云く、經教をうたがはずといへども信心のおこらざることはちからをよばざる事なりと。時にそこばくの道者あつまれり。此の僧もしうけずばみなうくまじきにて侍りければ、本意にあらずながら、信心おこらずともうけ給へとて僧に札をわたし給ひけり。これを見て道者みなことごとくうけ侍りぬ。僧はゆくかたをしらず。このこと思惟するとゆへなきにあらず勸進のおもむき冥慮にあふぐべしと思ひ給ひて――（六條緣起第一）

智眞は茫然自失せんばかりであつた。彼の考へ方のすべては瞬時に瓦解した。彼は彼の一念往生の思考が彼自身にも不可解になつてしまつた。智眞の領解は領解の爲の領解であつて彼は根本の統一原理に不徹底であつた。彼が窪寺に於て內證したところの己心領解の法門たる「十一不二偈」は己心領解の範圍にとゞまり、彼の淨土教に對する系統的整理はこゝに彼を待ちもうけてゐた高き障壁に思ひも及ばなかつたのである。

十

何れの宗教または個人の得脱にしても系統的に教理や思想を整へたのみでは眞の宗教とは云へない。また救濟が成就したとも云へない。たゞ徒らに概念の上に教理思想を整理したのみであるならば、或はそれが外見上如何に崇高に見えても、それが實踐される場合には結果としては或は妥協し、或は退轉し、或は混迷することは必定である。かくの如き概念、知識に眞の生命を與へ生々躍動するの生命事實たらしめる爲には更に內的自覺によらなければならない。

律僧の返事である「いま一念の信おこりはべらず、うけば妄語なるべし。」とは信なき信心おこらざる僧の答へとしてはまさに正しい。智眞はその返事によつて彼が窪寺で內證した念佛勸進はもろくも崩れ落ち、彼の念佛賦算によつて表示したる衆生救濟の大願は再檢討しなければならないことを悟つた。智眞はまた彼の念佛勸進そのものが、そもそも彌陀の願意に添ふや否やをも疑はざるを得なかつた。彼はそれを神の啓示に求めざるを得なかつた。彼は熊野權現にその冥加を乞ふ爲に證誠殿の階段を昇つた。

本宮證誠殿の御前にして願意を祈請し、目をとぢていまだまどろまざるに、御殿の御戸をおしひらきて白髪なる山臥の長頭巾《なかときん》かけて出で給ふ。長床には山臥三百人ばかり首を地につけて禮敬したてまつる。この時、權現にておはしましけるよと思ひ給ひて、信仰しいりておはしけるに、かの山臥、聖のまへにあゆみより給ひて、の給く、

融通念佛すゝむる聖、いかに念佛をばあしくすゝめらるゝぞ。御房のすゝめによりて一切衆生はじめて往生すべきにあらず、阿彌陀佛の十劫正覺に一切衆生の往生は南無阿彌陀佛と決定するところなり、信不信をえらばず淨不淨をきらはず、その札をくばるべし。

としめし給ふ。後に目をひらきて見給ひければ十二三ばかりなる童子百人ばかり來たり

て、手をさゝげて、その念佛うけむ。といひて札をとりて南無阿彌陀佛と申していづちともなくさりにけり。（六條縁起第三）

智眞は遂に熊野權現の神宣によつて正覺を成就した。清爽な夜氣を通して智眞はじつと社殿に額《ぬか》づいたまゝ動かない。ながき求道に面やつれした彼の頬にはこの時とめどなく涙が流れた。沁みわたる山氣を拂ひ夜はしらじらと明けてゆく。その如く智眞の疑固もほのぼのと霽れて行つた。

我生きながら成佛せり。

彼は歡喜のあまり社壇をふみとゞろかして叫んだといふ。これを一遍の成道といひ、時に智眞は卅六歳であつた。これによつて彼は自ら一遍と名乘つた。

第二章　師資再會　三十八歳

一

智眞の念佛賦算の信條は熊野證誠殿の神宣によつて、ことごとく確立し、彼が觀念をもつて組立てたる教學體系は融然として新らたなる光明をはなち、彼は神宣の證明によつて豁然として大悟し永遠不生の眞理に契當し佛々相念の三昧に安立するを得た。これより彼はまた再び希望にみちみちて遊行の旅に赴くのであるが、それは猶一年後のことである。

一遍が熊野に在山した期間は嚴密に云へば文永十一年六月頃より翌建治元年の夏までの十二三ケ月、或は數ケ月とし亦その翌年、建治二年にも入山した形跡があるので、彼の成道には古來より異說あり、神宣の年を、文永十一年とするの說、建治元年とするの說、建治二年とするの說が生じて來るのである。本書は、その斷定し難き各說の中より聖戒の六條緣起の「文永十一年（緣起には同年）六月十三日新宮よりたよりにつけて消息を給ふ事ありしに、今はおもふやうありて同行等もはなちすてつ、又念佛の形木くだしつかはす。結緣あるべきよしなどこまかにかき給へり。」（六條緣起第三）より算定して一遍の成道は文永十一年卅六歲說を採ることにした。

懷英の高野春秋編年輯錄には一遍のことが卷三、卷九の二ケ所に記載されてゐる。そのうち卷三は潤色されてゐるので問題にならないのであるが卷九よりその所を拔けば、

建治元乙亥

秋七月　日　一遍上人　他阿

俗性與州河野四郞通廣四男成念佛者遊行諸國（通廣の下作弟或は二字）

來詣自熊野索居千手堂也《くまのよりきたりまうでせんじゆどうにさくきよす》。稱名念佛《しようみやうねん》、是依初宿夜、蒙靈夢《よつはしよしゆくのれいむをかうむりしによる》、現今千手堂前《いまのせんじゆどうのまへなり》

とあつて建治元年七月に一遍が熊野より高野に來り、千手堂のほとりに住んだことを記載してゐる。それは六條緣起に「熊野をいで給ひて、京をめぐり西海道をへて建治元年の秋

のころ本國にかへりいり給ふ。」（六條縁起第三）にも符合してゐるので編年輯錄と六條縁起をつなげば一遍は成道の後に熊野――高野――京――九州――伊豫の順路によつて故鄕に歸つたこととなる。またそれを日順から云へば本宮（文永十一年六月十三日以前）新宮（六月十三日）高野（翌、建治元年七月）京より九州――四國（同年秋）となる。

一遍が何故に熊野にて神宣を得たかに就いては何か鎌倉時代の信仰の特色としての神佛融合の本地垂迹說に基いて諸神も諸佛も畢竟同一の絕對表現であるとの信念により、尙彼の一族の敬神思想よりして彼が巡歷の靈地を佛跡にのみに求めなかつた結果である。

日本民族の宗敎的信念の中核たる「神ながらの道」は儒佛二敎、就中佛敎の敎說によつて莊嚴されたことは既に奈良朝に胚胎したる本地垂迹說によつて示されるのであるが鎌倉時代に至つて特に國家觀念の高揚と民族意識の高潮により諸神諸佛の融合が大成されたことである。謂ふまでもなく佛敎は印度に起り、朝鮮支那を通じて日本に傳來され聖德太子に基礎づけられて日本の佛敎となり傳敎弘法によつて更に日本的性格を深くし、鎌倉初頭には完全に日本精神として日本人によつて幾多の開宗を見た鎌倉時代の佛敎が神祇と切實なる交渉を持たぬ譯はない。

その中で熊野信仰は日本神祇史上に最も顯著なる現象を示し殊に修驗道の盛行とともに他に比類を求むるあたはざる程の盛觀を示した。修驗道とは山岳崇拜を基とするシャーマニズムより發生し、山林を拜擻して苦修練行し山川を跋渉して經行修練し、呪法を修得して靈驗を期するのである。修驗道は役《えん》の小角《おづぬ》を中興としてやゝ體を整へ、平安期に入りて圓珍（智證）聖寶《しようほう》（理賢）によつて更に體系づけられた。即ち圓珍の徒は天台宗に屬し、本山派山伏、又は天台山伏と云ひ、聖寶の徒は當山派山伏或は眞言山伏と呼ばれて眞言宗に所屬するのである。かくして修驗道は具體的に形成され、その入峰次第も順次決定されれた。天台に屬する本山派は山城の聖護院を本所とし南紀の風光を賞して熊野に至り、それより大峰に入りて修行し眞言宗に所屬する當山派峰入りの順路はこれと反對に醍醐の三寶院を本所とし、これより出發して大峰に入り、大峰より熊野に出でて修行する。これを逆の峰入りと謂ひ、天台山臥の行路を順の峰入りといふのであつて、一遍は眞言山臥の修行道程に從つて熊野に入山した。

二

一遍は熊野の神託によつて、他力本願の深意を領解して新宮に下り、そこにて聖戒にあてゝ長い手紙をかいた。それはことごとく、神宣によつて感得したる印度にもあらず、支那にもあらず、三國の傳承を踏まず、しかも修驗道にもあらざる佛教を當所直下に國神によつて證誠され且彌陀直授の信念に基く念佛法門の一道を開顯したる喜びにみちた便《たより》であつた。

同年（文永十一年）六月十三日新宮より、たよりにつけて消息を給ふことありしに、今はおもふやうありて同行等もはなちすてつ、又念佛の形木くだしつかはす。結緣あるべきよしなどこまかにかき給へり。其の形木の文に云く、南無阿彌陀佛決定往生六十萬人此の中に惣じて六八の弘誓を標して一乘の橫法をあかす。引導の機緣かならず六十萬人にさだむることは、佛力勸成の要門は諸佛の大悲ひとへに勸苦の衆生にほどこし無上超吉の本誓は如來の正覺。しかしながら常沒の凡夫にとなへて三祇の起行功を衆生にゆづり、六字の名號を一念に成ず。かるが故に十劫の成道は凡聖の境界をつくし、萬德の圓明なる事は報佛の果號よりあらはれて頓教の一乘十界を會して凡をこえ聖をこえ一遍の稱名法界に遍じて前なく後なく有識含靈みなことごとく安樂の能人、無極の聖と成ずる。他力難思の密意を傳へて一切衆生決定往生の記を莂さづくるものなり。そもそも王宮密化のゆふべの風には佛智を直ちに無善の凡夫にしめし靈山大會の曉の空には開導をひとへに有學の阿難にゆづりて、平等一子慈悲利益を萬年にとゞめ、本誓六字の名號を一聲に證す。二尊の本誓あやまりなく諸佛の證誠むなしからず、一稱十會こゝろをたづねて來迎し、五逆闡提願に乘じてみなゆく、巨石の船をえ、蚊虻の鳳につくがごとし。(六條緣起第三)

一遍はこの信念に基き、人土共に成佛せしめんと神宣による賦算を行ずる爲に、こゝに下化衆生の知識として彼は遊行回國するのである。

三

一遍は熊野證誠殿に神宣を受けてより暫時の間は熊野三山たる本宮新宮那智の間を往復參拜して日を送り、高野山の千手院に參籠した、その期間を文永十一年の夏から翌年の建治元年の夏迄の約一ケ年とする。それより彼は京都に入り三年以前に鄕里にて再會を約して袂別したる通定（聖戒）に會ひ、聖戒がこの時出家したことは京都歡喜光寺の開山彌阿上人傳に述べられてゐる。

一遍はそれより單身舟運に便して九州に渡り、その年（建治元年）の秋伊豫に歸つた。六條緣起に、

熊野をいで給ひて、京をめぐり西海道（九州）をへて建治元年の秋のころ本國にかへり

いり給ふ。釋尊なほ報身の恩を報ぜんために王城に住し、生身の恩を報ぜむために、おほく舍衛に住し給ふといへり。しかあればわれまづ有緣の衆生を度せんために、いそぎ本國にきたるよしかたり給ひき。その時三輩九品の念佛の道場に管絃などして人々あそびたはぶれ侍りしに聖の歌に云く、

津のくにや、なにはものりのことのはは、あしかりけりとおもひしるべし

（六條緣起第三）

彌陀直受の新たなる相承を主張する豐かなる宗教的經驗を體得せる一遍の念佛勸進は最初のころにはあまり歸依者は多くなかつた。これは勸進の方法のなまなましさより一遍の人格がまだ完成せず宗教者としての風格がそなはつてゐなかつたと見るべきである。しかし一遍はそれを意とせず伊豫一圓を勸め步いた。

茲に注意すべきことは建治二年一遍は九州に赴き舊師聖達に再會するまでに約數ケ月、消息不明となつたことを六條緣起に「國中あまねく勸進していづちともなくいで給ひぬ。

次の年又事のゆへありて豫州をとほり九國へわたり給ひて」と記して一遍が海を渡つて立去つたことを記してゐる。これによつて古來より傳へられた一遍の熊野本宮再度入山說が成立するのである。一遍の熊野入山の年代に就いては諸說あり、

一、文永十一年說

六條緣起、同緣起による一遍上人語錄諺釋等。

二、建治元年說

一遍上人行狀、一遍上人年譜略等。

三、建治二年說

時宗要義集、遊行歷代譜、遊行歷代圖、遊行由緒書、時宗統要篇等。

四、再度入山說

一遍上人行狀、時宗統要篇等。

本書は六條緣起を信據として第一說文永十一年入山により、右に引用した六條緣起の記事のうち「いづちともなくいで給ひぬ。次の年又事のゆへありて」迄の期間を他阿の奉納

縁起記の「その後、復夢想の告あり、當山に参詣し參籠し玉ふこと三七日、訖《おは》つて萬歳の峰に於て石の卒都婆《そとば》を立て、之を吉祥塔と名づく、聖、親しく名號を書し自手《みづから》その文字を彫る」の記錄は、その期間の事跡であると推理し、それによつて一遍は此の時再度入山したと考へ度いのである。

建治二年、この年日蓮は赦されて佐渡より歸り蒙古は既に元と改稱し、元寇の我國へ再侵の噂高き折柄、幕府は元使として我國に來れる國信使禮部侍郎杜世忠等一行の頸を鎌倉（龍の口）の刑場に刎ねて防備より寧ろ攻撃に轉ぜんとするの決意を示した。その時一遍はまた伊豫に歸りそのまゝ九州に赴いた。一遍卅七歳。

四

一遍が成道後師聖達を訪れたのは建治二年の夏のことであつた。かつてその師の許にあつて十二年の薫陶を受けた往年の寧馨兒、いまや卅八歳、師の聖達は早くも七十三歳に達し鶴の如き淸淡な老僧として一遍にまみえた。

聖達は、彼の開基に係る佐賀縣藤津郡濱町原山知恩寺々傳によれば、法然門下の證空に師事して淨土敎の奥義を受けて後、鄕里に歸らんとしたが太宰府に留り淨土敎を布敎すること十一年であつた。彼は、その後、鄕里の古江田の通山附近に一宇を建立して移り住んだといふ。一遍がはるばると尋ねると尋ねる師は過ぎし年に受學せる太宰府には居らずして古江田なる原山知恩寺に隱棲してゐた。

聖達上人の禪室におはしたりければ、なのめならず悅び給ひて、わざと風爐結構してただ、兩人いり給ひて、風爐の中にして佛法修行の物語し給ひけるに、上人、いかにして十念をばすゝめずして一遍をばすゝめ給ふぞといひ給ひければ、十一不二の領解のおもむきくはしくのべ給ふに感嘆し給ひて、さらば我は百遍うけむとて百遍うけ給ひけり。伊豫へいり給ひたりし時、このやう、くはしくかたり給ひて、いかにも智者は子細のあることとなりとぞ申され侍りし。（六條緣起第三）

聖達は老來神機いささかも衰へず、今、一遍と喜びに溢れる法談して、よく、この新進の教說を傾聽し直ちに理解して流石の一遍をして「いかにも智者は子細あること」と感嘆させたあたり、これより三年後、一遍が信濃化益中に入寂する人とは思へなかつた。

聖達のことは凝然の「淨土法門源流章」に西山證空の門下の逸材十一人のうちに、第一東山義觀鏡房證入、次に觀信、次に入道實信（宇都宮彌三郎）第四番目に聖達大德鎭西と次第され、又西山深草義の靜見によつて錄した法水分流記には西山四流の後に、

聖達
- 聖惠（顯意のこと）竹林寺若年歿
- 聖觀 眞弟
- 一遍 建長年中出家、學問後諸國遊行 今豫州河野七郎通弘子
- 仙阿（無智）一遍弟
- 聖戒（有智）一遍弟

とし、傍註として「筑紫原山、大村正覺寺に住し道教顯意の繼父、又豫州住十九日亡」とあつて、彼が九州の教界の重鎭であつたことを實證してゐる。

六條緣起には聖達と一遍との對面の情景に風呂の炊口に火を燃してゐる一遍と、半裸の聖達が井戶より水を汲みあげんとしてゐる姿を描いてゐる。もしも、その畫の通りそれが茶室の風爐でなくて二人が共同で湯を沸かし共に入浴して法談したことはかな師資再會のよき情景である。

二人の問答に問題となつた十と一、一と百との念佛については、さきに一遍が熊野に於て證誠されたところの一念往生の一のことであつて「我百遍うけむ」との聖達の百とは、百をもつて滿數としたた百であるから聖達は一遍によつて百即百生の念佛を受けたことになる。名號は一即一生、十即十生、百即百生であり、聖達が愛弟子たりし一遍に對して師禮して死生流轉の緒を名號によつて永劫に斷つた、この二人の師資再會はまことに微妙なる對面であつた。

五

一遍が舊師聖達と別離を惜しみつゝ、南方に立去つてより、彼の念佛賦算遊行化益は、いよいよ本格化し、これより十四ケ年の間に捨身巡歴した國々は日本本土六十六ケ國の大半四十ケ國以上に達した。それは記録に現れた國々と記録にはなきも巡歴の途次に通過しなければならなかつた國々を數へた數である。便宜上それ等の國々の名を現在の府縣別本位の名稱にあてはめ、一遍が遊行した確實な記録（例へば六條縁起等に）に現れた地名と主なる出來事を大略巡歴順に圖表すれば、

遊行せし地方　六條縁起等に出づ地名出來事　遊行せざりしと思はるゝ地方

九州（七縣のうち六縣）

福岡縣

筑前　（聖達上人を訪ふ）

筑後　（太宰府）

佐賀縣

肥前　（肥前のある武士の屋形）

熊本縣

肥後

鹿兒島縣

大隅　（正八幡）

宮崎縣

日向

大分縣

豐前　（大友賴泰歸依）

豐後

長崎縣

肥前の一部

中國　（五縣のうち四縣）

廣島縣

安藝　（嚴島）

備後

山口縣

長門

周防

岡山縣

備中　（輕部）

備前　（福岡の藤井）

美作　（一の宮）

鹿兒島縣の一部

薩摩

島取縣
因幡　（ものぐさといふもの）
伯耆　（おほさか）

島根縣
石見
出雲
隱岐

近畿　（二府五縣全部）

兵庫縣
播磨　（敎信寺、書寫山）
攝津　（觀音堂）
但馬　（但馬の國）
淡路　（福良）

大阪府
攝津（住吉）
河内（太子御墓）
和泉（和泉國へ）
和歌山縣
紀伊（高野山、熊野）
奈良縣
大和（當麻寺）
京都府
山城（因幡堂）
丹波（篠村）
丹後（久美の濱）
滋賀縣

近江　（守山琰魔堂）

三重縣

伊勢　（伊勢大神宮いらせ）

中部　（九縣のうち四縣）

岐阜縣

美濃　（美濃の惡黨ども）

長野縣

信濃　（善光寺）

愛知縣

尾張（甚目寺）

三重縣

志摩

伊賀

三河

静岡県

遠江

駿河（蒲原）

伊豆（三島）

岐阜県の一部

飛騨

山梨県

甲斐

福井県

若狭

越前

石川県

關東 （一府六縣全部）

神奈川縣

相模 （鎌倉、かたせ）

東京府

武藏 （石濱）

群馬縣

能登

加賀

富山縣

越中

新潟縣

越後

佐渡

上野
栃木県
下野（小野寺）
千葉県
上総
茨城県
常陸（常陸に）
埼玉県
武蔵（石濱）
奥羽（六県のうち三県）

千葉県
安房
下総

福島縣
陸奥（白河の關）
宮城縣
陸奥（松島）
岩手縣
陸奥（江刺郡、平泉）

四國（四縣のうち三縣）

青森縣
出羽
秋田縣
出羽
山形縣
出羽

愛媛縣
伊豫　（豫州窪寺、菅生岩屋）
香川縣
讃岐　（善通寺、曼陀羅寺）
德島縣
阿波　（阿波の國を）
高知縣
土佐

（沖繩縣はこの表より除く、國名の下に地名出來ことなきは、その通過せしと考へられる國々、奥羽六縣の國名は當時は陸奥と總稱されしものの如くなれば國名を記載せず。）

かくの如く一遍は足にまかせて諸國を巡歷したのであつて、大體記錄上より見ても彼が回國に洩れた所は現在の一都二府四十二縣（北海道と沖繩縣を除く。）のうち十一縣に過ぎない。しかして此等の各縣も遊行二祖によつて悉く巡化され、以後遊行の世代を繼げる他阿上人の全部は殆んど生涯を盡して國中を遊行賦算してあますところなく所謂遊行上人の名はそれによつて呼ばれることとなつた。

第三章　他阿隨遂　三十九歳

一

一遍が九州一帯を行化した期間は彼が聖達の許を辭してから弘安元年の夏、他阿眞教の歸依を承けて四國に渡航する迄の約三ヶ年である。この間の最初の二年餘は一遍の念佛行化十六年の中で最も物質的に困窮した時であつた。これを聖戒は六條緣起に「九國修行の間は、ことに人の供養もまれなりけり。」と書いて、一遍の慘澹たる九州の念佛賦算がすさまじき試練であつたことを報じてゐる。しかし一遍はそれを別に意とせず「たゞ緣にしたがひ足にまかせて。」如何なる困苦も蹴ちらして、まつしぐらに所信を斷行した。

建治二年、筑前國にてある武士の屋形におはしたりければ、酒宴の最中にて侍りけるに家主裝束ことにひきつくろひ、手あらひ、口すゝぎておりむかひて念佛うけて又いふ事もなかりければ聖は去り給ふに、此の俗のいふやう、此の僧は日本一の狂惑のものかな。なむぞ、そのたふとき氣色ぞといひければ、客人のありけるが、さてはなにとして念佛をばうけ給ふぞと申せば、念佛には狂惑なきゆへなりとぞいひける。聖申されしは、おほくの人にあひたりしかども、これぞ誠に念佛信じたるものとおぼえし、餘人は皆人を信じて法を信ずることなきに此の俗は依法不依人《ほうによりひとによらず》のことはりをしりて涅槃の禁戒に相叶へり、ありがたかりし事なりとて返々《かへすかへす》ほめ給ひき。げによのつねの人にはかはりたりけるものにや。(六條縁起第四)

一遍はたゞひとり、所信を斷行し、その爲にはあらゆる困難と不自由とを克服し一意賦算の遂行に精進し、たと人理につきなん程の飢寒困苦襲ふとも彼の全身全靈に湧き溢れたる信念の上にはその桎梏より逃れる爲にいささかの妥協も必要としない。譲るべき餘地も殘されてゐない。見よ、孤高高邁なる新進の教役者と文永の役に元兵を撃攘して國難を救ひたる素朴剛健の武士との對峙したる姿を。

一遍の自信滿々たる態度を「なむぞ、そのたふとき（尊大の意）氣色ぞ。」と罵りたる武士は憚らず「念佛に狂惑なし。」の正信を吐露し、無言のまゝにて立去りゆく一遍はこの男こそ「涅槃の禁戒に相叶ふ。」信仰者と讃へる。一遍を罵倒しつゝも武士は彼によりて念佛を受けて「念佛に狂惑はなし。」と法の世界に還入するに躊躇せず、武士によつて面罵されつゝも一遍はこれこそ眞の依法者と嘆ずる。こゝに捨聖一遍とかの武士との面目は躍如として彼等が念佛一法にある限り、念々相通じ、ともに法による正しき世界を愛樂する二人であつた。一遍が一路挺身せんとする九州賦算にはまづ恩師聖達との法悅に滿ちたる對談あり、また彼の念佛の眞意を諒解して一遍の眞姿を昂揚せしめた武士との對面等があつて、以後渾身の化益の爲に幾多の障碍を克服するために重大な示唆を與へた。

これより後一遍が九州の南端大隅桑原郡の正八幡にいたり、豐後に達する九州修行は悲慘目を掩はしむるばかりの苦難の連鎖であつたが彼はよく耐へて退轉することのなかつたことはそれ等の眞法者の正しき理解が彼の前途を明るくしたことであつた。即ち一遍はそれより路を南に選び肥後を經て日向の國見山の嶮を踏破して大隅に至つた。聖戒は六條緣起に涙を呑んでこの時の一遍の壯烈な殉法をかう書いてゐる。

九國修行の間はことに人の供養まれなりけり。春の霞あぢはひつきぬれば無生を念じて永日を消し、夕の雲ころもたえぬれば、慚愧をかさねて寒夜をあかす。かくて念佛を勸進し給ひけるに僧の行きあひたりけるか、七條の袈裟のやぶれたるをたてまつりけるを腰にまとひて只緣に隨ひ足にまかせてすゝめありき給ひけり。山路に日くれぬれば苔をはらひて露にふし、溪門に天《そら》あけぬれば、梢をわけて雲をふむ。さて大隅正八幡宮にもうで給ひけるに、御神のしめし給ひける哥、

とことはに南無阿彌陀佛ととなふれば、なもあみだぶにむまれこそすれ。（六條緣起第四）

一遍は、九州の化益が、かくの如き決死的巡歷になることを最初から豫想してゐたこと

を、聖戒は六條縁起第七に載せてゐる。それは彼が日頃私淑したる空也の一名を求めて衆を願はんとすれば身心疲れ、功を積みて善を修せんとすれば希望多し。孤獨にして境界なきにはしかじ、稱名して萬事を抛んにはしかじ、閑居の隱士は貧を樂となし禪觀の幽室は閑なるを友と爲す。藤衣紙衾はこれ淨服、求め易くして盜賊の恐なし。(原漢文)」によつて志を樹て「この文によりて始め四年は身命を山野にすて居住を風雲にまかせてひとり法界をすゝめ給ひき。」とある。それによつて彼は、かの法藏菩薩の「假へ身を諸〻《もろもろ》の苦毒の中に止むとも我行は精進にして忍んで終ひに悔いず。」の大願を順じて鐵の如き意志をもつてそれを成就したのであつた。

二

一遍の九州修行に就いては六條縁起其他にも大體あまり多くの記事はない。それは彼が熊野の神宣により遊行賦算を確定した直後の四國九州の教益が事實としてあまり效果的に行はれなかつたことを證明してゐる。彼の九州賦算は六條緣起には大體九州の西北より最南、それより東北を結んだ三角形の頂點に多少の記錄的記事があるばかりで他に何等の記述がないことはこの旅が意外に困難であつたことを示すに外ならない。しかし、この九州賦算は以後の一遍の行動をいよいよ堅くする鍵となり、彼の信念はこれによつて磐石の如く確立したのである。

淨土眞宗聖教目錄の中に一遍の所作と傳へられる百利口語なる和讃があり、これは文體格調から見て一遍の所作として見るには疑問と思はれるものであるけれども一遍が衣食住に就いて解釋したであらう態度、殊に九州遊行にて決定したであらう決意を示すものとして、そのところを掲げれば、

暫く此身のある程ぞ
さすがに衣食は離れねど、
それも前世の果報ぞと、

いとなむ事も更になし。
詞をつくし乞ひあるき、
へつらひもとめ願はねど、
僅かに命をつぐほどは
さすがに人こそ供養すれ。
それもあたらずなり果てば
飢死てこそはせんずらめ、
死して浄土に生れなば、
殊勝の事こそあるべけれ。
世間の出世もこのまねば
衣も常に定めなし。
人の著するにまかせつゝ
わずらひなきを本とする。

小袖帷《かたびら》紙のきぬ
ふりたる筵《むしろ》蓑《みの》のきれ
寒さふせがん爲めならば
有るにまかせて身にまとふ　（百利口語）

又一遍が好んで愛稱したといふ「心に所緣なければ日の暮るゝに隨つて止まり身に所住なければ夜の明くるに隨ひて去る。忍辱の衣厚ければ杖木瓦石を痛しとせず、慈悲の室深ければ罵言誹謗を聞かず、口稱に任ずる三昧なれば市中是道場なり。聲に隨ふ見佛なれば、息精即念珠、夜々佛の來迎をまち朝々に最後の近づくを喜ぶ、三業を天運に任せ四儀を菩提に讓る。」の空也の精神は、この九州遊行の間に一遍の體得體現となり、熊野神宜を布演する爲めの必然的條件として退轉することなく練行されたのであつた。

別書（年譜略）によれば一遍は九州入國の最初に宇佐八幡に參詣して曾つての神恩を謝し奉つたといひ、また他阿の奉納緣起記にも彼が熊野成道の直前にこの社に參籠し願意を祈願した由が述べてあるので彼の九州修行はまづ神社参拜から始められ、それより南して延喜式神明帳に鹿兒島の神社として記された現在姶良郡西國分寺村に鎭座する八幡宮に神咏を受け、それより路を東に定め、更に海岸線に從つて豐後の國分に達した。

一遍の豐後の化益は俄然變則的な歡迎を受け、尙偶ゝこの乞食僧を圍んで有力な歸依が突如として現れた。その一人は豐後の領主、大友賴泰であり他の一人は鎭西派の學僧瑞光寺の眞教であつた。建治二年。卅九歲。

三

一遍に歸依した最初の著名人として大友賴泰のことを調べると彼は豐後の守護職として大友家の首領であつた外に源氏正流の血族として彼は高き家門を有してゐた。また彼は文永の役に外敵蒙古に對して勇戰したる隱れなき武名を誇る勇將でもあつた。

賴泰の祖父能直は源賴朝の實子であつた。それは大友四郎大夫經家の女が賴朝に仕へて

大友四郎大夫經家娘
後藤原親能妻

女
　├大友能直
源頼朝　　├親秀
　├實朝　平氏女　├頼泰
　　　　三浦肥前守娘

時政（北條）
　├政子
　├女
河野通信
　├通政
女
　├通廣──一遍

懐妊し、その女は後に藤原親能に嫁したけれども能直は養父の姓を名乗らず、外祖の姓を

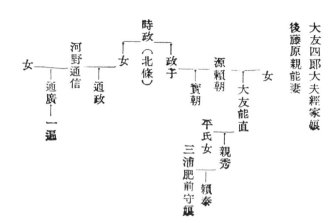

冒して大友を稱し、相模國大友鄕を本領とし、廿五歳にて豐後に入り豐前豐後の守護職となつた。それによつて彼は國府を修飾し居住の地を大友館と云ひ、貞應二年鎭西奉行となり、その年の十一月廿七日に大野庄藤北に歿した。

彼の妻は落髮して風早なる彼の墓堂を護り深妙禪定尼と法名し、若くして死歿せる長男親秀の菩提をも併せ弔つてゐた。親秀の嫡男賴泰その後を襲ひ、幼名泰忠を改めて北條時賴の一字を冠して賴忠と改め、源氏を平氏に改姓して兵庫頭從五位下に昇り正安二年庚子九月廿八日七十九歳で他界した。彼の母は鎭西奉行三浦肥前守の女である。彼が一遍に歸依したのは彼の五十七歳の時であり、一遍との間には多少俗緣の關係もあつた。

彼、賴泰が文永十一年に筑前の海に出陣し戰功を樹てたことは大友文書に、

蒙古人襲二來對馬壹岐一致二合戰一之間、所レ被レ差二遣軍兵一也。且九國住人等、其身假雖レ不二御家人一有下致二軍功一之輩上者可レ被二抽賞一之由普可レ令二告知一之狀、依レ仰如件

文永十一年十一月一日　　武藏守在判

相模守在判

大友兵庫頭入道殿

とあり、之によれば文永十一年には既に彼が入道し薬師寺道忍を稱してゐたことがわかる。彼が一遍に歸依した年より三年後、蒙古再襲の時には賴泰は少貳經資と共に九州の諸將に將として大功を樹てたことは、の知るところである。畏れ多くも大正十三年二月には彼が生前の勳功を賞め賜ひ正四位を追贈された。尤も一遍の化益は豐前豐後にあつては賴泰の歸依以前にも大いにその實をあげてゐた。しかし、それまでは彼の化益の中心は專ら下層階級であつて、その甚だしき例は特に非人乞食等に大いに人氣があつたことである。これ等は一遍に集中された供養を望んで集まつたものであり、それを江戸期に賞山が、その著直談鈔（一遍上人繪詞傳直談鈔）に「是等の多くのものは聾盲、瘖啞、の類黑白の癩病の族也。是等の非人曾つて佛法の志なしと雖も、強《あなが》ち施食の殘を因欲し、東西より走集り、南北より追ひ來る。」と書いて、そのすさまじき風景を述べてゐる。思へば去年の今日、空しく飢餓に己をさらし、未知の僧より破れたる七條袈裟を施與されて寒さを防いだ一遍が、いまこれ等の最下屬者に圍まれて、その供養を頒布し、これ等を引率して鶴見嶽の山麓に靈湯を發見して、この病者の治癒に盡してゐる光景を比較すれば、こゝにまた汲めどもつきぬ佛法の滋味があふれて來る。

頼泰はこの間、この奇異なる乞食僧を見て館に招じて法を聽き、眞教は鶴見嶽に去りゆく一遍を追うて瑞光寺の門を出でたのである。

四

眞教が一遍に對面して、直ちに弟子の禮をとるにいたつたことに就いては眞教自身の手記による奉納縁起記に、

建治三年、秋の頃、九州化導の時、予始めて溫顏を拜し奉り、草庵に止宿して一夜閑談せらる。五更に及ぶまで欣求淨土の法談あり。その時、聖示して曰く、厭離穢土の行人

は宣《まう》すに及ばず、世俗の類に於ても當《まさ》に無常の理を知るべし、無常の理を知る者は地獄を恐るべし、地獄を恐る者はまさに念佛すべし。念佛すれば則ち罪滅す。罪滅すれば則ち淨土に生ず。凡そ無常の觀念は一にあらず、常に心を攝して此の理を按ず可し。夫れ生死に七種の用心あり、謂く一に一息生死、出息を生と爲し入息を死と爲す。二に念々生死、念の始めを生と爲し、念の終りを死と爲す。三に時々生死、時の始めを生と爲し、時の終りを死となす。四に一日生死、朝を生と爲し、暮を死と爲す。五に一月生死、朔日を生と爲し、晦日を死と爲す。六に一年生死、正月を生と爲し、師走を死と爲す。七に一期生死也。此の如く知らば貪慾の心起る無く、更に愛念を發《おこ》させず。既にこの理を示し玉ふ時心肝に染《そ》み感涙落つ。立ち處に有爲無常の理を悟り年來所住の栖《すみか》を捨て一所不住の身と成り堅く師弟の契約を爲し多年隨逐したてまつる。誠に謝し難き恩德也。(奉納緣起記)

一遍と眞敎の問答の終日に及んで盡きず、夜も更けて一遍のこの語にいたる時自然に眞教は感涙を覺え竟《つひ》に口を閉ぢて一遍を拜して師禮をとり卽座に遊行回國に從事することになつた。眞教は後に、彼がこの時湧然と勇猛不退の信念を獲得したことを述べて、「もとよりわれわれは家を出でし時は身命を佛に奉りて飢死《うえじに》寒死《こゞえじ》なんと思ひ切て身を身ともせず心を心ともおもはずして、萬事を他に任せて走りいでたれども、かぎりある命なれば、いまだながらへてあるぞかし。」（他阿上人法語）と云ひ、又「誠の信心ある人はこゝろのとまる處を厭ふものにこそさふらへ、かゝるあひだ、いかにもして念佛の信心もおこりたらん處の知識のあたりを慕ひて、心にはありにくゝとも在《あり》よくとも佛の賴母しさに近付きたき心より外には誠の信心あらはれざるものなり」（他阿上人法語）と云つてゐる。こゝに眞教はまつたく己を捨てゝ一遍に歸した。

眞教は嘉禎三年正月廿七日、京都に生れた。父は羽林家の某といひ、今持明院黨なりとも、壬生《みぶ》家の出なりとも稱され、また黄門定家の裔にして爲輔の子とも云はれるけれども彼が幼時のことに就いては何等傳ふるところはない。出家して淨土宗鎭西の學匠辨西の禪室にて精進し、それより九州に渡り豐後の國分にて瑞光寺（現在、大分市外豐府村國府）

を首董した。彼は學德兼備の淸僧として、聲明に詳しく、和歌に巧にして冷泉家の秘奥を傳承し、一代の秀句一千五百餘章は大鏡集に蒐錄され、佛敎の敎義並びに安心起行の玄旨を述べた。繪詞傳第六に「このひじりは眼に重瞳うかんで纖介のへだてなく、面に柔和をそなへて慈悲の色ふかし」とあるが如く溫潤玉をふくむが如きの人であつた。眞敎のその篤實なる行實はよく一遍の時衆敎團を育成するに力あり、一遍歿後は更に、その敎團を統制して之が組織を大成したのであつた。彼と一遍が生涯をかけて許し合つてゐたことは一遍上人語錄に、も繪詞傳にも記載されてゐる。

御往生のまへ、人々最後の法門を承らんと申しければ上人曰く、三業の外の念佛に同ずといへども、たゞ詞ばかりにて義理をも意得《こゝろ》ず、一念發心もせぬ人どものとて「他阿彌陀佛、南無阿彌陀佛はうれしきか。」とのたまひければ、やがて他阿彌陀佛落涙し給ふと云々（繪詞傳第四）

こゝに、熊野にて契當せる眞理は一遍より眞教にそのまゝ傳承し所謂「面々に信心ありて名號を唱へば自他共に成佛を遂げべければ、たゞ皆同行なり。」の教說が成立し、六字名號一遍法、十界依正一遍體なるが故に、萬行を離念して名號に證せられては自他共に名號に乘托して生死を離れるが故に、自も阿彌陀佛他も阿彌陀佛なり。それによつて他阿彌陀佛と號せらるべしとて眞教は一遍によつて他阿彌陀佛なる阿彌陀佛號を附與された。これより遊行を續げる代々の遊行上人を他阿上人と稱することになつた。

時に一遍卅九歲、眞教は一遍に長ずること二年、四十一歲であつた。

第四章　をどり念佛　四十一歳

一

一遍は眞紗なる有力な同行と、その他に七八人の同信の徒を從へて九州より四國に歸つた。それは弘安元年の夏のことであつた。彼は、こゝに一兩月を賦算に費し、その秋には瀬戸内海の對岸に渡り嚴島に參詣し、それより周防長門を一巡して、備後備中を化益して、その年の冬には備前に赴いた。

すでに九州をまはりて四國へわたり給はむとし給ひけるに大友兵庫頭賴泰歸依したてまつりて、衣などたてまつりけり。其の所にしばらく逗留して法門などあひ談じ給ふあひだ、他阿彌陀佛はじめて同行相親の契をむすびたてまつりぬ。惣じて同行七八人相具して、弘安元年の比豫州へわたり、同秋安藝の嚴島へまいり給ひぬ。同年の冬、又備前國藤井といふ所の政所《まんどころ》（神宮）におはして念佛すゝめ給ひけるに、家主は吉備津宮の神主が子息なりけるが、ほかへたがひ（外出）たり。その妻女聖をたとびて法門など聽聞しにはかに發心して出家をとげにけり。聖は福岡の市といふ處にて念佛すゝめ給ふほどに彼の夫かへりきたりて、これを見侍りてめもあやにおぼへて、事のよしをたづぬるに女、こたへていはく、たふときすてひじりのをはしつるが、念佛往生の樣、出離生死の趣とかれつるを聽聞するに、誠にたふたくおぼえて夢まぼろしの世の中にあだなる露のすがたをかざりてもいつまでかあるべきなれば出家をしたるよしをかたる。夫は無惡不造のものなりければ、大いにいかりて件の法師原いづくにてもたづねいだして、せめころさむとて出でけるが福岡の市にて聖にたづねあひたてまつりぬ。大太刀わきにはさみて聖のまへにちかづき侍りけるに、聖いまだ見給はざるものにむかひて、汝は吉備津宮の神主の子息かとたづねられけるに忽に瞋恚やみ、害心うせて身の毛もよだち、たふとくおぼへけるほどに、即本鳥《もとどり》をきりて聖を知識として出家をとげにけり、彼の揚州の居士が和尚（善導のこと）を害せむとせし、九品を掌に拜して忽に捨身往生の瑞をあらはし、今備州の勇士が上人を殺さむとする一念を言下にひるがへして、すなはち出家修行の道にいる。古今の奇特ことなりといへども機法の相感是おなじきもの歟。そのほか又彌阿彌陀佛相阿彌陀佛をはじめとして出家をとぐるもの惣じて二百八十餘人侍りけり。（六條緣起第四）

このやうな事件があつて、それが契機となり出家を志したものが二百八十人にも達した。さきに他阿を始めとして多くの人々が出家し、今、また、かくの如き多人數の出家者を見て一遍の教團は俄然膨脹し、宗教々團としての形態が稍〻出來上りかけた。しかし、此等の人々は、たとへ、それが入信出家したと云ふもののそのことごとくが一遍に從つて巡歷に出た譯ではない。その大部分はやはり在家として家にとゞまり、優婆塞、優婆夷の在俗の信者と同樣に信仰生活を營んだのである。これによつて、此の時、一遍の時衆教團には道時衆と俗時衆が同時に發生した。卽ち道時衆とは一遍と共に遊行の旅に加はつて修行し、俗時衆は在俗の歸信者として各〻の家にあつて同じ信仰に生きる人々を指すのである。

かくて僧尼の入團者が次第に多く、教團としての統制上より諸種の規定が必要となつて、こゝに行儀法則が制度されなければならぬことになつた。それによつては現前の知識として一遍を中心とした歸命戒の制定をうながし、僧尼共住の教團としては事實上現實問題として肉體上に男女の愛執の念を離れ、經濟上よりしては貪瞋痴の三毒の執着より遠ざかる爲に嚴肅なる戒律と禁欲の生活が規定された。そして教團は僧尼混合の集團生活から卷き起される道念の退轉と佛道修行を阻害する物慾上の諸問題とを解決した。

一遍の時衆教團の目的は云ふまでもなく現世にては無生忍を證し淨土に往生することを念願として成立したものであるから入團者の資格としては僧侶、武士、庶民の何れを定むることもなく、それが眞の求道者であり、且求道の爲には如何なる苦難にもめげない人々である限り容易に入團を許された。時衆への入團者は男は何阿彌陀佛、女は何氏房との法名を授與されて、その名を呼ばれた。かくて一遍の教團は、道俗の四衆たる比丘、比丘尼優婆塞、優婆夷を包含して一乘平等主義に立脚したる同信和合の教團としてこゝに結成されたのである。

一遍の備前の教化は、この外に、こゝに始めて歳末の別時念佛が修せられたことを特記しなければならぬ。別時念佛とは一時期を限つて不斷念佛を佛を修することである。

一遍四十歳。

二

一遍の時衆教團に行儀法則が制定されたことは他阿眞教の奉納縁起記に「其後、稍年序を重ね僧尼多數に覃《およ》ぶの間、漸く行儀法則を定めて六時の勤行を修し、衆を六番に分ち、名字を四十八に定む。唯唯是六八（四十八）の願を表す也。十二光の筥《はこ》を調へて、僧尼の境に置く、是の光十二因縁の無明を斷じ、煩惱の闇夜を破るの燈明なり。」（奉納縁起記）とあり、これと共に別時念佛が備前にて修せられたことは清淨光寺現存の遊行二祖の眞蹟と

傳ふ一遍の別時番帳が殘つてゐて、それには、

定

一期不斷念佛結番

一遍房

一番

他阿彌陀佛　其阿彌陀佛

覺阿彌陀佛　重阿彌陀佛

師阿彌陀佛　法阿彌陀佛

眼阿彌陀佛　與阿彌陀佛

二番

彌阿彌陀佛　臨阿彌陀佛

珠阿彌陀佛　器阿彌陀佛

陵阿彌陀佛　宣阿彌陀佛

功阿彌陀佛　底阿彌陀佛

三番

但阿彌陀佛　蓮阿彌陀佛
解阿彌陀佛　也阿彌陀佛
號阿彌陀佛　作阿彌陀佛
來阿彌陀佛　界阿彌陀佛

四番

相阿彌陀佛　漢阿彌陀佛
像阿彌陀佛　釋阿彌陀佛
時阿彌陀佛　唯阿彌陀佛
持阿彌陀佛　有阿彌陀佛

五番

梵阿彌陀佛　袋阿彌陀佛

宿阿彌陀佛　聲阿彌陀佛
文阿彌陀佛　淨阿彌陀佛
往阿彌陀佛　無阿彌陀佛

六番

僧阿彌陀佛　眞阿彌陀佛
量阿彌陀佛　薗阿彌陀佛
潔阿彌陀佛　乘阿彌陀佛
以阿彌陀佛　一阿彌陀佛

右所定如件

弘安元年月日

とありこれを前述の奉納縁起記の――衆を六番に分ち名號を四十八に定む。唯是六八の願を云々にあたるものとし、これより八年後の弘安十年に制定された十二道具も大略原型が決定されてゐたと見て差支なく、教團が諸國遊行に移動する爲に最も輕便なる最も必要缺くべからざる用具を十二の筥に入れて、十二を限つたる道具を身につけて諸國を回國することになつた。

弘安二年正月一遍は備前を後にして播磨攝津に飛錫して大阪難波の天王寺に至つた。ここは一遍が念佛賦算を開始した初轉法輪の因緣深き淨刹であつた。彼がこゝにて開始した念佛賦算の方法は跪《もろ》くも熊野への途上にて、それが觀念的所造に過ぎないことを發見して蹉跌しそれが却つて糸口となつて理智契當の名利となつた思ひ出も今はひとしほ懐かしく一遍はあらためて感慨を深くしつゝ京都に急いだ。しかし、京洛の人々は一遍の引率する土面灰頭の僧尼には驚きの目を瞠つたが化益の機緣は必ずしも熟してゐなかつた。

同二年春の比、みやこにのぼりて因幡堂に宿し給ひけるに寺僧の中より、か様の修行者は、このところに止住の事いましめありとて、內陣にはいれたてまつらざりければ緣に宿し給ひけり。その夜、彼の堂の執行民部法橋覺順夢に本尊のつげさせ給ふとおぼえて、我大事の客人を得たり。もてなすべきよしをしめされけるとて、夜半ばかりに請じ

いれたてまつるによりて、廊に宿し給ひぬ。（六條緣起第四）

といふ有様で、一遍の一行は底冷え强き京の春を外緣に忍んで乞食の如く寢なければならなかつた。因幡堂の本尊藥師の夢告は弘安七年一遍が鎌倉より東海道を上つて再び上洛した時再こゝを宿とすることになる機緣となつた。

その年（弘安二年）の八月一遍は秋風とともに都を發ち、近江路を通り美濃より木曾山中を拔けて信濃に出で善光寺に參詣した。

三

善光寺は信濃國長野の大峰山の麓にあり、定額山善光寺、南命山無量寺、不捨山如來寺北空山雲上寺の四名稱を以て呼ばれ、天台宗に屬してゐた。寺傳によれば推古天皇十年信濃の人若麻續東人善光なるもの難波の堀にて靈像を感得し、同國伊奈郡麻績の里に遷して草庵に奉安し皇極天皇元年に同國水內郡芋井鄕に移し白雉五年本堂を建てた。一遍が最初に善光寺に參拜したのは弘安二年より八年前、文永八年の春のことであつた。六條緣起に「文永八年の春、ひじり善光寺に參詣し給ふ。この如來は天竺の靈像として日域の本尊となり給へり。酬因の來迎を示して影向を東土の境にたれ、有緣の歸依をあらためて、靈場を信州のうちにしめ給ふ。一光三尊の形像如來の密意を表し決定往生の勝地他方の淨域に超えたり。誠に三國傳來奇特言語みちたえ五濁能度の本誓思量なかくつきぬ。いま宿緣あさからざるによりてたまたまあひたてまつることを得たりとて、參籠日數をかさねて下向したまゐぬ。この時己證の法門を顯はし、二河の本尊を圖したまりき」。(六條緣起第一)と一遍は善導の二河白道譬喩の圖を手寫し、これを窪寺別行の本尊として、やがて、それが彼の成道の素因になつたのである。

一遍の再度の善光寺參詣は、以來歷代の遊行上人の善光寺參拜となり、遂に善光寺にも一の時衆敎團の發生を見るにいたりそれは後に善光寺末寺四十六坊のうち十坊を占めて妻戶時衆と呼ばれた有髮妻帶の沙彌の起源となつた。

一遍はそれより信州北端を教化して中仙道を下り弘安二年の冬は信州佐久郡伴野に至り承久の變に父通信と官軍にあつて奮戰した彼の叔父通末の流罪の地を弔ひ、そこで別時念佛を修した。「通末稱八郎亦文事流於信州伴野河野系圖（大日本史卷百六十二）」通末は彼の母が北條氏出身であつたにも闘らず官軍に馳せ參じ、兄通政と共に信州に流されたのである。（通政は後に信州青葉にて斬られた。） 一遍の踊《ゆ》躍《やく》念佛はこの時に始められた。六條緣起に、

同年（弘安二年）八月に因幡堂をいでて、善光寺へおもむき給ふ道の間の日數自然に四十八日なり。其の年信濃國伴野の市庭の在家にして歳末の別時のとき、紫雲はじめてたち侍りけり。抑〻をどり念佛は空也上人或は市屋或は四條の辻にて始行し給ひけり。——中略——それよりこのかた、まなぶものをのづからありといへども利益あまねから、ず、しかるをいま時いたり機熟しけるにや——（六條緣起第四）

又繪詞傳には、

同二年信州佐久郡伴野といふ所にて歳末の別時に紫雲はじめて立ち侍り、さて其の所に念佛往生をねがふ人ありて聖をとゞめたてまつりけるに、すゞろに心すみて念佛の信心おこり踊躍歡喜の涙いともろくおちければ同行共に聲をとゝのへて念佛し提《ひさげ》をたゝいてをどり給ひけるを見るもの隨喜しきく人渇仰して金磬をみがき鑄させて聖にたてまつりけり。しかれば行者の信心を躍躍の貌に示し、報佛の聽許を金磬の響にあらはしてながきねぶりの衆生をおどろかし群迷の結緣を勸む。抑ゝをどり念佛とは空也上人或は市屋或は四條辻にて始行し給ひけり。（繪詞傳第二）

一遍の踊《をどり》念佛は小康空也一遍と糸を引いたる同系統のものと云へるのであるが、しかし一遍は彼等の踊念佛を模倣したものでなく、極めて自然發生的に一遍の全靈の上に歡喜踊躍の念が共感されて踊躍念佛として具現したのである。

この時、伴野の城主伴野太郎時信は隨喜のあまり八個の金磬を鑄て一遍に奉げた。現在その金磬を鑄た跡は鉦鑄場といふ名稱で呼ばれてゐる。一遍はそれによつて提《ひさげ》を叩いて踊ることをやめ、その金磬によつて踊躍念佛を修することになつた。六條緣起の繪には枯薄の庭に踊る僧俗を描きその中の一人が提を叩き他は拍手をうつてゐる圖がある。

四

一遍が常に憧憬してゐた空也光勝は元享釋書等を綜合すれば、彼はもと天台宗の僧であつた。沙彌たりし時、自ら空也と稱し、遊觀を好み天下の名山殆んど至らざるなく、過ぐる所の道途高きものは之を下《ひく》くし窪きものは之を平かにした。橋梁寺宇破壞すれば必ず修繕し、水なき地は義井を鑿る。荒郊曠野に於て無主の遺骸に遇へば必ず之を葬る。常に王城に入り市廛に於て彌陀を唱ふ。人呼んで市上人といふ。天曆二年比叡山に登り座主延昌に從ひて受戒して光勝と改名し、五年京都に疫病流行するや長一丈の十一面觀音の像を刻んで病魔退散を祈り鴨川の西に西光寺を創めて之を安置した。奥羽の二州は國土の邊地にして佛法を知るもの希なるを思ひて經像を負ひて彼地に往きて唱導す。遂に化に順ふもの多し、晩年に西光寺に住して天祿三年九月十一日に示寂した。終りに臨み浄衣を着け香爐を執り門人に語りて無量の聖衆但に來りて我を迎ふと曰ひて奄然として化す。壽七十。僧臘五十五。

遊行第七祖託阿は空也の踊躍念佛を「空也上人は三論宗眞言宗等を修學し給ひけれども念者と成りて宋朝の小康法師の跡を尋ねて踊躍念佛し給へり。彼の和讃として、有發心求道集とて書給ふにも名號を指南とし給へり。彼詞云智慧高才、遂還人歸易往、如予泣涙者豈敢テセン乎ト云々」と蔡州和傳要に傳へ、又、條々行儀法則には「漢土には小康、日本には空也、曠劫大處遇事喜、感涙不堪余立踊也、初祖觀喜踊躍アリケルヨリ此行儀出來セリ」とあるのを見れば、一遍の踊念佛は系統より云へば確實に宋の小康、我が國には空也の風を傳へたものである。

一遍の踊念佛の先驅をなしたものは空也の鉢叩き念佛の外には我國に於て既に西山三代

の法孫道空の六齋念佛がある。道空は山城國乙訓郡安養寺及び東台寺の中興であつて、京都市烏丸の常行院を兼帶して住し、伎樂の音聲を以て衆生濟度を緣とせん爲めに歡喜の念佛を創唱した。文永元年龜山天皇より六齋念佛の號を賜り東台寺をして勅願所の一に加へしめられた。これは佛敎音樂に素朴なる佛敎舞踊を加味して、當時の希望すくなき民衆を敎化したもので、萎靡沈滯の極にあつた當時の民心に非常な魅力をもつて歡迎された。

それより更に以前、源信（惠心）にも佛敎舞踊を讃へた種々の和讃が所作されたことを傳へてゐる。傳惠心作廿五菩薩和讃には「獅子吼菩薩の亂拍子、下化衆生と踏み給ふ。陀羅尼菩薩の舞の袖、上求菩提を勸むなり。」又、來迎讃には「聞けば西方界の空、伎樂歌詠ほのかなり。見ればみどりの山のはに光雲やうやく輝けり。伎樂の菩薩このときに、踊躍歡喜やすからず、絲竹のしらべ雲をわけ、徘徊よそほひ地をてらす。」などによれば佛敎の音樂舞踊の形式は平安時代に古典佛敎音樂の域を脱して、新らたに日本民族古來の舞踊形式を採りいれた佛敎舞踊が起り、更に鎌倉時代には、その時代の風潮と共に素朴なる信仰行儀としての舞踊が發生した。

一遍の踊躍念佛は一遍の時衆教團が室町時代に異常なる教線の擴張に資するを得たと共に、淨土敎各派は勿論、民間信仰の上には種々なる影響を與へ、日本演劇の上に時衆敎團の行儀が端緒となつて猿樂田樂を能狂言にまで發展せしめ、また出雲路の於國《おくに》の念佛踊もその傘下より出で江戸時代の狂言の起源となつた。これが佛教各派に浸透して行つたことは遊行二祖が北陸賦算の際に行つた踊躍念佛が眞宗門徒の間に傳播し室町時代の始め眞宗の中興覺如が改邪抄に「當世都鄙に流布して遁世者と號するは多分一遍房他阿彌陀佛の門人を云ふ歟、かのともがらむねと後世者氣色をさきとし佛法者と見えて、威儀ひとすかたあらはさんと振舞歟。」と云つて眞宗門徒が踊念佛に入ることを戒めてゐる。それは眞宗大町門徒の祖如導をして、その門下に踊躍念佛を修せしめ、又高田の專修寺にも、それを修するに至つたことを戒めたと同時に、時宗の勢力が浸々として民衆に及び民間信仰を風靡してゐたことを裏書してゐる。

現在にも一遍の踊躍念佛の型は種々の形にて遺され、たとへば法燈の開基した由良の鷲峰寺附近の踊念佛、奥州のジャンガラ念佛等として郷土色濃厚な民間藝術として、いま猶續いてゐる。

五

一遍の踊念佛を一說に、彼の踊念佛の形式は小康、元曉（新羅の僧）、空也等とは關係なく、恐らくは熊野念佛から端を發したと說く人もある。

それは一遍が熊野を知悉してゐる關係から熊野田樂のふりと熊野巫女《みこ》の踊りが、高野の聖《ひじり》階級の信仰行儀に結びつき、そこに信仰舞踊を形成してゐたのにより、一遍がそこにて暗示を得たのであるから、彼の踊躍念佛は熊野念佛、高野の聖念佛に必然的關係を豫想することは困難ではなく、一遍の踊念佛は大方この系統をもつものであらうとの說である。

しかし、一遍の踊念佛はあくまで自然發生的に行はれたもので、一遍の踊念佛が成立して後に、熊野念佛、高野の聖衆に重大なる影響を與へたことは一遍の高野に登山後、代々の遊行上人が高野に登山し、その德風が高野を時衆化せしめたことは史實に實證（拙著一遍上人）されてゐる。そのことは、また一遍の踊念佛は空也の系統にあるといふも、彼の踊念佛の成立原因が直接空也の鉢叩き念佛とは何等關係はなかつたこととも云へるのである。一遍が空也を尊敬してゐたことは間違ひなき事實であるが、一遍の踊念佛が空也の念佛踊を故意に豫定して、それを信州にて發表したのではないことは、六條緣起、繪詞傳のその時の有様を引用した前掲の文章によつても知ることが出來る。

一遍の踊念佛は直ちに民衆の信仰行儀として、彼の念佛勸化に裨益するところはあつたのであるが、それは既成教團や保守的なる知識層からは顰蹙され非難を集めた。かの千種有房が野守鏡を著して、彼の歌論上の競爭者爲兼の革新主義の歌論を攻擊するに際し一遍の踊念佛を「一遍房といひし僧、念佛義をあやまりて踊躍歡喜といふは、をどるべき心なりとて頭をふり足をあげて踊るもて念佛行儀としつ——その姿を見るに如來解脫のたふとき法衣をあらためて畜生愚痴のつたなき馬衣をき、たまたま衣の姿なる裳を略しきたるありさま偏へに外道の如し。」（野守鏡卷の一）として難じてゐるのは、その一例である。

弘安三年、元の報復來寇の聲たかく、幕府は最後の元使を博多の濱に斬り軒昂たる意氣を示した時、一遍の師聖達はその年の暮、十一月十五日に九州原山に於て七十三の高齢をもつて示寂した。

一遍四十一歳。

第五章　陸奥より鎌倉へ　四十二歳

一

弘安三年、一遍は時衆を伴つて淺間嶽より立昇るけむりと共に信州を出で發ち、碓氷の險を越え、上野に入國し、安中板鼻を化導した。一遍の關東化益はまづ、關東の西より東にかけて行はれ、その翌年には常陸より武藏、鎌倉の順に賦算してあますところなく遊行されたのであるがこの時は一遍はそれより渡良瀨川を渡り下野に達し、小野寺、小山、茂《もて》木《ぎ》を通り、大田原、伊王野より北上して一路陸奥に向つた。

一遍の信州に於ける化導は相當效果があつたものの如く六條緣起の繪によれば一遍の伴つた時衆の數は小野寺にて急雨にあふ圖にては十五六人を數へることが出來る。

弘安三年、善光寺より奥州へおもむき給ふに旅店日をかさねて勝地ひとつにあらず、日は野草の露よりいでて遠樹の梢をいとはぬさかひもあり、月は海松《みる》の霧をわけて天水の浪にかたぶくところもあり、漁人商客の路をともなふ、知音にあらざれどもかたらひをまじへ、邑老村叟のなさけなき勸化をまたずして緣をむすぶ。かくて白川の關にかゝりて關の明神の寶殿の柱にかきつけ給ひける。

ゆく人をみだのちかひにもらさじと

名をこそとむれしら川のせき　（六條緣起第五）

繪詞傳には六條緣起を略ゝ同樣の記事の外に西行と眞敎の歌を掲げてゐる。それを再錄すれば、

同三年奥州へおもむきたまふ。修行日を送りて地形一にあらず、月は野草の露より出でて遠樹の梢をいとはぬさかひもあり、日は海岸の霧にかたぶきて雙松のみどりにうつろ

ふ所もあり、かくて白河のせきにかゝられけるに、關屋を月のもるかけは人のこゝろをとむるなりけりと西行がよみ侍りけるをおもひでられてせき屋の柱にかきつけ給ひける。

他阿彌陀佛

しらかはのせきぢにも猶とゞまらじ
こゝろのおくのはてしなければ

聖も又よみてかゝれける、

ゆく人をみだのちかひにもらさじと
名をこそとむれしら河のせき　（繪詞傳第二）

一遍の一行は旅寢の夢を重ねて白河を過ぎて陸奥に入り、二本松、福島、を經て更に北上して陸奥の中部（後の名、陸前、陸中）を通り江刺に道を急いだ。この道には人跡多からず六條縁起には奥州一帯を陸奥の稱をもつて呼び、昔藤原氏三代が榮華を極めた平泉附近も荒廢に歸してゐたことを思はせてゐる。

一遍が奥州化益の旅には、邊土賦算の外に、また別に一つの目的があつた。それは彼の祖父通信の墓が江刺にあり、彼はその墓に詣ることを秘かに心掛けてゐた。通信は曾つてその盛時には源氏の重臣として西國に勢望高き武將であつたが承久の變に、あはれ、一敗地にまみれて、この地に流され、出家して觀光と稱し變後二年貞應二年（皇紀千八百八十三年）五月十九月に波瀾多き生涯を閉ぢたのであつた。法名は後に謚して東禪寺殿觀光大禪定門と云ひ、世壽六十九であつた。一遍が祖父の墓參をした年は通信死去の年より五十七年目であつた。六條緣起に、

奥州江刺の郡にいたりて、祖父通信が墳墓をたづね給ふに、人つねの生なく家つねの居なければ、只白揚の秋風に東岱の煙あとをこし、青塚の暮の雨に北芒の露涙をあらそふ。よて荊蕀をはらひて追孝報恩のつとめをいたし墳墓をめぐりて轉經念佛の功をつみたまふ。（六條緣起第五）

一遍が祖父の心情を偲び、墨染の袖に悲涙を抑へた通廣の展墓について、同所附近に通信の長子通俊の次男伊豫守通重が文永弘安の頃在住したと傳ふることを忘れることは出來ない。岩手縣史談によると、そのところは時宗の有力な寺院として現存する光林寺であつて、光林寺は通重の館址に建立した寺院であることを記してゐる。光林寺の明細帳には、當寺開山は通重の子、河野左近衞通次、宿阿證道である。彼は弘安二年の初夏、京都にて元祖に謁し有髮の弟子となり、後一遍と共に信州にいたり伴野別時の時、一遍の咏じた「惜しむなよ、迷ふ心の大江山、幾野の露と消えやすき身は」の歌に感じ、弘安三年一月廿五日出家剃髮して同年の秋の頃一遍と共に郷里に歸つたと云ふ。

弘安三年 一遍四十三歳

二

一遍が陸奥を賦算して祖父の墳墓に詣で、それより附近一帶を教化して歸路は阿武隈川を渡つて、太平洋岸に沿うて南下し、常陸を化益して下總に出で、次いで武藏に至り、全身全靈をもつて賦算化益の時、九州の一角は暗雲低迷し、元の大軍は舳艪相ふくんで我國を襲つた。元は文永十一年に大敗した後も我國の招諭を促したが、我國が建治元年元使を鎌倉に斬り更に弘安二年周福欒忠を博多にて殺すに及んで元は日本の決意の斷乎たるを知り、弘安四年五月廿日一擧に我國を亡ぼさんと戰艦四千五百艘に兵十四萬を滿載して宋の降將范文虎を上將として壹岐を侵し、進んで筑前肥前の濱に至つた。

かくてやあると博多の濱に待機せる我が將士は前役の經驗により或は夜討をなして敵艦に乘りうつる勇士もあり、石壘によつてよく防ぐ者もあり、元兵は容易に上陸することが出來ず持久策として鷹島に據つたのであるが七月廿九日の夜より閏八月一日の曉にかけ大暴風起つて敵艦殆んど覆沒し、逃れて還りたるもの兵艦二百餘艘であつた。

さきに一遍に歸依した大友賴泰は少貳覺惠とともに將帥として全軍の指揮にあたり、一遍の一族たる河野通有伯父通時甥通榮等は打つて一丸となり悉く出征して國難にあたり通時はこの戰に壯烈な戰死を遂げた。戰は神風一過によつて決し、河野一族は戰功によつて舊領を復して一門春を迎へたのはその後であつた。

それよりさき、弘安二年の冬より三年にかけて我國が未曾有の國難に直面してゐる時、一遍は遠く祖父の墓を弔ひ、いま他國侵逼に一國が擧げて決戰の最中、彼は念佛化益に寸刻の暇なしである。彼の教説にも閲歷を記したものにも元寇のことにふれた半言隻句を見ることの出來ないのはその爲である。

これに反して直接肉親關係より出征者を持たぬ日蓮は聲をからして國難來を絕叫して、舌禍によつて佐渡に流され、放たれて身延に隱棲はしたとは云へ元寇來には護國曼陀羅を圖して熱禱を捧げて國難にあたらんとしてゐる。日蓮と一遍は鎌倉時代最後の時代精神の潮流に棹して、しかもその時代精神を超越して人類の畢竟して依るべき大道を開顯した二人であり乍ら、まつたく對蹠民立場をもつ。

それは日蓮が法華經信仰獨立の爲めに不惜身命の法戰を續け、且理論上より社會改善主義者として鎌倉時代の佛教に、その位置、その主張、その行動に結論を與へたと見られるに反し、一遍はあくまで默々としてその結論を實踐する爲に遊行賦算に一生をゆだねて、身を以てその結論を證明した爲である。

三

日蓮は、はじめ激情家であつて、諸宗を罵倒し盡すは勿論、北條氏の政治にも容喙して怒號絶叫した結果度重なる危難に出遭した。しかし、佐渡より赦免の後は、彼は水の如き心境に達し、著述と子弟教育に專念し、空想誇張も影をひそめて人間の直接經驗に從つて淡々と大道を歩いた。

教理上からの見解は別として日蓮により眞向より非難された法然の淨土教はその頃やう

やく天台眞言の勢力範圍に教線を擴張して、その末徒は彌陀本願をたのむのあまり無戒無慚を以て世をあやまち淨土敎の主旨を忘れ、次に誹謗された禪宗は禪風の隆盛によつて官僚宗となるの萠芽を現はし、律、法相、華嚴、眞言の刷新運動は慈善による物質的救濟事業に墮してゐた。

日蓮が生涯の敵として戰つた一人に極樂寺の律僧忍性がある。彼は、その社會救濟運動によつて人々から生身の菩薩として崇められ、執權からは厚き待遇を受けたのにも關らず日蓮からは法敵として、さんざんに誹謗されてゐる。日蓮は最初の頃は、その辻說法には民衆から瓦石を投じられ、權力者からは酷遇されたけれども、彼は「愚人にほめられたるは第一のはぢ。」として、いたづらに民衆から賞讃されることを嫌ひ、正法の爲には權力者とも故なく妥協することを拒んだ。

一遍は、その權力者に對する場合も民衆に對しても日蓮とは正反對である。彼は權力者に對しても民衆に對しても、その態度はあくまで下坐行をもつて終始する。彼は强ひて勝劣を云はない。彼は言葉をつくして教戒はしない。彼は請じられれば權力者の門をも訪れ、忽ち出でて民衆の裡に隠れる。彼は民衆の裡にあつても、そこには澁滞しない。彼は恒に動く。それは彼の信念が一切の人々に佛種を下して往生の保證をする念佛賦算にあつたからである。

一遍は日蓮が本門の戒壇を富士に建立せんとの大志願に燃えて法鼓を鳴らしてゐるさなかに、彼は靜かに一切の被所有から脱却し自由無碍の境地に遊歩する。從つて一遍には戒檀も道場も必要としない。廢祉の堂裏も、荒寺の庭も等しく戒檀であり道場であつた。一所不住なるが故に都市村邑ことごとく淨土であり、救濟を待つ人々としては何れも人である限り區別の要なく、信不信、淨不淨みな同じ對衆であつた。併し乍ら一遍も、日蓮が皆歸妙法の信念より如何なる迫害も恐るゝことなく邁進した如く、彼も萬法名號の念佛賦算においては敢て身命を省りみるものではなかつた。

一遍の信念は、たとひ日蓮の如く華々しき場面は何れの處にても示さなかつたとは云へ、その行動精神は毛頭日蓮に劣るものではない。彼は民衆から瓦石を投じられて惡罵される代りに、念佛賦算の爲に、たゞひとり、しばしば乞食として飢ゑんとした。日蓮の龍の口の刑場で行はれた劇的狀景の對照としては、彼は「人に念佛をすゝむるばかり」なる故に執權の供の杖にて路上にて打殺されるばかりであつた。

四

かくの如く一遍と日蓮は同時代に生きて、その信念の强烈さは伯仲の間にあつたが、その化儀の方法は根本的に異つてゐた。繰り返して云へば、日蓮は不惜身命、惜無上道の信念の上に眞正面より正法國家の建設と政治組織の完成を急ぎ、正法の所顯たる法華經依用を高唱するに對し、一遍はたゞ足にまかせて人心に正しき歸趣を與へる爲に地下に入り、民衆の間に融合して捨身捨慾の遊行賦算に耽る爲に寸隙の餘裕はない。一遍上人語錄に「又云く。或人問ひていはく〈諸行は往生すべきや、いなや。亦法華と名號はいづれが勝れて候と云々。上人答へて云ひ〈諸行も往生せばせよ、せずばせず。又名號は法華にをとらばをとれ、まさらばまされ。なまざかしからで、物いろひを停止して、一向に念佛申すものを、善導は「人中の上々人」と譽めたまへり。法華を出世の本懷といふも經文なり。又釋迦の五濁惡世に出世成道するはこの難信の法を說かむが爲めなりといふも經文なり。機に隨つて益あらば、いづれも勝法なり、本懷なり、益なければ、いづれも劣法なり、佛の本意にあらず。餘經餘宗があればこそ、此尋ねは出で來たれ。三寶滅盡のときは、いづれの敎とか對論すべき。念佛の外には物もしらぬ法滅百歲の機になりて、一向に念佛申すべし。これ無道心の尋ねなり。」(一遍上人語錄卷下)に喝破したる一遍の言葉は、よく一遍の機鋒の銳さを示すばかりか、彼の烈々たる信念を吐露して、あますところはない。

又、同語錄に法華と名號を「又云く(法華と名號と一體なり。法華は色法、名號は心法なり。色心不二なれば、法華すなはち名號なり。色心不二なれば、法華すなはち名號なり。故に觀經には「若念佛者是人中芬陀利華」ととく。芬陀利華とは蓮花なり。さて法華をば薩達芬陀利華經といへり)と云々。」との見解に立脚して法華と念佛とを究極所としては同一のものとみてゐる。

弘安四年に溯ること七年、文永十一年三月には日蓮は幕府より佐渡流罪を赦されて鎌倉に入り、それよりは口を緘して何事も云はず、五月十二日鎌倉を捨てゝ、身延に入山し沈默の靜生活に入つた。一遍は同じ年の二月八日に舍宅田園を放棄して、恩愛眷屬とも離れて堂舍をも法界の三寶に施與し、わづかに詮要の經卷を抱きて、はてしなき遊行化益の旅に發つたのである。それより一遍は、今日にいたるまで約七ケ年を正法流傳の爲めに賦算化導に席の暖まることはなかつた。

次の年弘安五年、日蓮は九月八日に身延を出で、池上にいたりて十月十三日死歿し、そのころ一遍は鎌倉の賦算を終了し駿河遠江の敎化の最中であつた。

五

それより前、弘安四年の別時を武藏の一角にて修したる一遍とその徒は、明けて弘安五年の春、いよいよ當時政權の所在地にして、新文化の香高き鎌倉を指して出發した。

六條緣起に「弘安五年の春、鎌倉にいりたまふとて、ながさごといふところに三日と〻

まりたまふ。聖のたまはく、鎌倉いりの作法にて化益の有無をさだむべし。利益《りやく》たゆべきならば、是を最後と思ふべきよし時衆にしめして、三月一日こぶくろざかよりいりたまふに。」（六條縁起第五）とある如く、一遍はながさご（高座郡長後か）にて、一段と決意を強くして鎌倉街道を上つた。この道は八王子より當麻、當麻より長後（現在の圓行）を抜けて藤澤の善光寺を經、現時宗本山遊行寺の裏山より闘屋に達し、それより小袋谷に至り鎌倉に通ずる道路であつた。

――三月一日こぶくろざかよりいりたまふに、今日は大守（時宗のこと）山内へいで給ふ事あり。このみちよりはあしかるべきよし人申しければ、聖思ふやうありとて、なをいりたまふ。武士むかひて制止をくはふといへども、しゐてとをりたまふに、小舍人《ことねり》をもて時衆を打擲して、聖はいづくにあるぞとたづねければ、聖、こゝにありとていでむかひ給ふに、武士云く、御前にてかくの如き狼藉をいたすべき様やある。汝徒衆をひきぐする事ひとへに名聞のためなり。制止にかゝへられず、亂入する事こゝろえがたしと云々、聖こたへのたまはく、法師にすべて要なし、只人に念佛をすゝむるばかりなり。汝等いつまでかながらへてかくのごとく佛法を毀謗すべき、罪業にひかれて冥途におもむかん時は、この念佛にこそたすけられたてまつるべきにとのたまふ。返答なくして二化うちたてまつる。聖は不捨怨憎由大悲なれば、さらにいためる色なし。有識含靈皆普杖なれば、ひとへに結緣をよろこびてのたまひけるは、念佛勸進をわがいのちとす。しかるを、かくの如くいましめられば、いづれのところへかゆくべき。こゝにて臨終すべしとのたまふに、武士、鎌倉の外は御制にあらずとこたふ。よりて、そのよは山のそば、みちのほとりにて念佛したまひけるに、かまくら中の道俗雲集してひろく供養をのべたてまつりけり。昔達磨の梁をいで、孔子の魯をはれしも人の愚にあらず、國のつたなきにあらず、たゞ時のいたるといたらざるとなり。しかあれば今このひじりも人つゐに歸して貴賤こゝにあつまり法いよ〳〵ひろまりて感應みちまじはりけり。（六條緣起第六）

鎌倉は弘安の役の戰勝の興奮なほ覺めず、執權時宗は無學祖元の爲に圓覺寺を山之内に建立し、一遍の鎌倉入の當日は時宗の山之内參行の時にあたつてゐた。

鎌倉時代には淨土敎が主として庶民階級の信仰を得たのに對し、鎌倉中期以後の佛敎界に關東を中心として、直截簡明なる實踐を主として武家階級に傳播したのは禪宗である。禪は最初、天台の中なる禪として渡來し、仁安年間榮西は入宋して禪を傳へ興禪護國論を著して禪風の普及を計つたのであるが當時は山門の勢力盛にして新宗敎の開創には極力反對を唱へ、所謂達磨宗停止の宣下あるに至り榮西の臨濟禪も矢張り天台宗の禪として京都の建仁寺も比叡山の末寺として開始された。

道元は貞應二年に入宋し天童山の如淨に嗣法して安貞元年に歸朝し曹洞の禪を我國に將來したのであるが越前の山林に入りて出でず、一遍の參禪せしと傳ふ覺心は由良に居つた。これ等の禪僧の外に宋末の戰亂を逃れて我國に避難した禪僧には道隆、兀菴《ごつあん》、一山等の高僧があつたが、依然として南都北嶺の壓迫強く、兀菴は時頼卒去するや自著の語錄の木版を燒き捨てゝ支那に歸り、道隆も兀菴に建長寺を讓りて京都に出で建仁寺を主董したのであるがその强壓にあつて信州の山林にかくれたこともあつた。しかるに禪の宗風が理論より實踐を主とし、殊に身を死生の間にさらし、干戈をとつて戰場を馳驅する武士階級は禪の修行道とする坐禪が武士道の練磨に敎益するところ多く、不立文字、敎化別傳、直指人心、見性成佛の敎旨は學問的素養の尠い武家階級にも容易に理解されること等により次第に流行して來た。就中北條氏は代々禪宗に歸依すること深く、遂に建長寺は純粋の禪宗として年號をつくることを得たので、これより始めて禪宗は一宗派として獨立した。

元弘の役の前に渡來せる道隆、祖元は共に支那にあつて直接戰火を經驗し、亦大陸の事情にも精通してゐたので特に幕府の外護を蒙つた。時宗《ときむね》によつて招ぜられた祖元は卓越せる善智識であり、道隆を失つた時宗が弘安二年八月に明州天童山より、特使をもつて鎌倉に迎へ建長寺に住せしめて參禪の師とした僧である。祖元は宋の慶元府の人、佛鑑に參じて嗣法し、台州眞如寺に割するの時元兵來つて堂に入り祖元を捉へて白刃を揮つて其の首に擬した。その時祖元は神色自若として、

乾坤無㆔地卓㆓孤笻㆒　且喜人空法亦空

珍重大元三尺劍　電光影裏斬㆓春風㆒

と一喝して從容たるものがあつたので、元將は感悔して禮を作して去つたといふ。弘安五年に特に圓覺寺を建て、その開山第一世として祖元を迎へることになつた。一遍が時宗の行列に出會つたのは彼が建長又は圓覺寺への參禪の道であつた。

五

一遍は武士に二杖打たれた後、武士の言葉に從つて、それより鎌倉に入らず、小袋坂の山の端に一夜を明して、次の日、町屋、梶原、手廣を通り深澤を經て鎌倉の外廓を一巡して片瀬に遷つた。そこにて斷食して別時を修した。この時、上總にて一遍に歸依した生阿彌陀佛が來り一遍の化益に盡力したと六條緣起は傳へてゐる。生阿彌陀佛の師顯行については淨土傳統錄總系譜によれば、

法然―隆寛―智慶―隆慶（願行のこと）―能念―寛海
智慶―敬西
智慶―願行―信敎
願行―能念
智慶―敬白

とあつて、願行の傍註には「號敬願關東人本爲台徒、後入淨宗、從隆寛、智慶二師、得宗二玄旨一、於二長樂寺一弘敎」とあり、生阿彌陀佛は兄弟子の能念と共に一遍に歸依して時衆に入つた。

弘安五年三月二日、かたせの館の御堂といふところにて斷食して別時し給ふに、願行上の門弟上總の生阿彌陀佛來臨して十念うけたてまつりて、六日のあした往生院へ召請したてまつりて、一日一夜侍りけるに又御使あるによりて七日の日中にかたせの濱の地藏堂にうつりゐて、數日をおくり給ひけるに、貴賤あめの如く參詣し、道俗雲の如くに群集す。同道場にて三月のすへに紫雲たちて花ふりはじめけり。そののちは時にしたがひて連々この奇瑞ありき、人うたがひをなして問ひたてまつりければ、花のことははなにとへ紫雲のことは紫雲にとへ、一遍はしらずとぞ仰せられける。聖の哥に曰く、

さけばさき　ちればをのれとちるはなの
　ことはりにこそみはなりにけれ
はながいろ　月がひかりとながむれば
　こゝろはものをおもはざりけり　（六條縁起第六）

このときばかりは一遍も多忙な賦算の間にものどかな四十四歳の春を謳歌したのであつた。

第六章　上洛　四十四歳—四十六歳

一

一遍が引率した時衆の人數は、弘安元年に彼が九州を出發した時には、六條緣起の詞書には眞敎の外に七八人と記載されてゐるが、弘安二年備中より上洛して信州の善光寺に同行したのも僅かな人數であつたやうである。六條緣起の繪には信州小田切の里の念佛踊の圖に僧尼十二三人、下野の小野寺の急雨の圖に十七八人、奥州江刺の通信の展墓には廿一人奥州雪景（松島平泉より常陸に行道した途中で大雪に逢ふ）の圖に十八人、鎌倉こぶくろ坂の圖に廿三人と增加してゐる。

一遍は弘安五年七月十六日、片瀨を發ち砥上原より馬入川を渡り須賀をよぎり大磯にいたり、西行の「しぎたつ澤の秋の夕暮」の鴫立澤に、しばし休息して函嶺にかゝつた。雲煙の彼方に富士の絶景を眺めて、三島に下り、三島明神に參籠した。そのおりふし時衆の七八人が一度に往生をとげた事件が起つたが三島神社の社官は忌《いな》を申込むこともなく一遍はそこにて多數の結縁をむすんだ。この頃、一遍の時衆教團は次第に增加した。

一遍の教團は、この後數年して正式に十二光佛になぞらへて各人の所持する道具が十二と決定されるのであるが既に備中よりの遊行には凡そこの法則が出來てゐた。そしてこの教團にあつて落命した場合は、彼等が常に十二道具の一として使ひたる木綿の帶の幅一尺二寸なるを擴げて、死者の身體に卷きて埋る習慣であつた。一遍は落命した時衆を三島に葬り、いよいよ東海道を上ることになつた。

試みに現存の時宗寺院にして一遍の巡歷に時宗の寺院となりたりとの寺傳を有するものを擧げると

弘安五年　平塚市教善寺
同　鎌倉市教恩寺
同　沼津市西光寺

同　　　　　佐野　蓮光寺

同六年仲春濱松市教興寺

等であつて、その歸鄕した年代は略〻六條緣起による上洛の順路と符合するのである。このところで六條緣起の記事に載つたのはあじさか入道の入水往生のことであるが又一書に井田（現在の沼津附近）の福應院の法印が眞言宗を捨てゝ時衆に入り文阿と改めたことの記錄もある。

あじさか（鯵坂）入道の入水のことは六條緣起に、

武藏國にあぢさかの入道と申すもの、遁世して時衆にいるべきよし申しけれども、ゆるされなかりければ、往生の用心よく〳〵たづねうけ給はりて、蒲原にてまちたてまつらんといでけるが、富士河のはたにたちより馬にさしたる繩をときて腰につけて、なんぢらつゐに引接の讃をいだすべしといひければ、下人こはいかなることぞと申すに、南無阿彌陀佛と申して死ねば佛の來迎し給ふと聖の仰せられつれば極樂へとくしてまいるべし。なごりを惜しむ事なかれとて十念となへて水にいりぬ。すなはち紫雲たなびき音樂にしにきこへけり。しばらくありて繩をひきあげたりければ合掌すこしもみだれずしてめでたかりけりとなん。

聖の歌に云く

こゝろをばにしにかけひのながれゆく
　みづのうへなるあはれ世の中　（六條緣起第六）

最後の一遍の歌は、このことを聞いた一遍が富士川のほとりに立ちて、素朴純眞な老武人に思ひをやつて述べたものである。

この年は府中（靜岡）附近で別時を修した。

一遍四十四歲。

二

弘安五年の條に六條緣起にも繪詞傳にも託磨の僧正公朝が一遍に歸依したことを大きく扱つてゐる。しかし、公朝とはどんな人であるかに就いては、たゞ、一遍上人語錄諺釋に園城寺一流の學者であつて特に和歌を善くしたとの外には、その傳歷は知られてゐない。このことに關しては繪詞傳は六條緣起よりやゝ詳しく、それによつて繪詞傳を引用すれば、

弘安五年相模國龍口といふ所にて利益せられけるに、鎌倉の邊土なれば貴賤上下群集す。紫雲の立つ朝もあり、花のふる夕もあり瑞相一つにあらず。其の頃詫磨僧正(于時)法印送り給ふ狀に云く

佛子公朝胡跪合掌而言

南無西方極樂化主阿彌陀佛、南無觀音勢至諸菩薩淸淨大海衆、照無二之誠心哀事一之勸

修、歳去歳來往生願無倦、若坐若立稱念功漸積而聞上人濟度悲願、濁下愚隨喜涙行、且
爲結縁且爲値遇、奉書書信於沙村之淨場、欲期引導於金刹元妙土、縱有前後之相迸莫忘
慇懃之芳契。恐々敬白
弘安五年五月廿六日　　法印公朝
（六條縁起には廿二日）
還來穢國上人足下
（六條縁起には謹上還來穢國一遍上人足下）
くもりなき空にふけゆく月も見よ
こゝろはにしにかたぶける身を
返報に云く
一稱名號中　三尊垂化用
十方衆生前　九品顯來迎
くもりなきそらはもとよりへだてねば

こゝろぞにしにふくる月影

南無阿彌陀佛　六十萬人知識一遍

この人は園城一流の智徳として柳營數代の護持をいたす。和漢好士優色の名人なるを上人に歸依し給ひしさま、なをざりならざりしは見たてまつりおもへる所ならむやと覺え侍りし。

或人念佛法門を尋ね申しけるに

念佛往生者念佛卽往生也。南無といふは能歸の心、阿彌陀佛とは所歸の行、心行相應する一念を往生といふ。南無阿彌陀佛と唱へて後わが心の善惡是非を論ぜず後念のこゝろを用ひざるを信心決定の行者とは申す也。只今の稱名のほかに臨終あるべからず、たゞ南無阿彌陀佛〳〵ととなへて命終を期とすべし。（繪詞傳第二）

と敍しこれに反して六條緣起は公朝への返書の次に「又或人法門をたづね申しける返事として」次の歌三首を掲げてゐる。

須彌のみねたかしひきしの雲きえて
　月のひかりやそらのつちくれ
念彿にもをのがこゝろをひくずば
　みをせめだまの露としらずや
あともなきくもにあらそふこゝろこそ
　なかなか月のさはりとはなれ　（六條縁起第六）

六條縁起は、この次に能念のことと、二宮入道のことが記してあるが、これは多分弘安六年のことであると見られる。この外に弘安六年の巡國賦算の記事はなく、遠江、三河の化益には觸れず、尾張も西寄りの甚目寺にいたる間に何の記載もない。

この間に一遍を訪れた能念は、一遍が片瀨にて化益中に上總から出張して來た生阿彌陀佛の法兄であつて、淨土法門源流章に敬願の下に「敬願、淨土宗、長樂寺智慶門人、諱は隆慶、関東人、始め智慶と共に天台を學ぶ。後京師に來りて先づ隆寛に師事し、次で智慶に教を受け玄旨を傳へ盛んに之を弘む。門下信教能念才あり。」と推稱されてゐる。六條緣起に、能念が、生阿彌陀佛が熊野の道中で死去したことを報じ、己も時衆に入團せんことを乞ひ、許されて京師入洛まで隨行して三條堀川で死んだことを、

又能念上人かたり給ひしは、上總の生阿彌陀佛所勞の時、聖を召請せられけるに、鎌倉へはいられればこそゆかめ、現ぜずよりほかはとの給ひけるが、かたせにおはしましながら生阿彌陀佛のもとにおはして物語などし給ひけると、まさしくうけ給はりき。しかるに、この生阿彌陀佛は熊野の道中にて臨終めでたく往生とげられぬ、我も知識の契約申して侍りしかばたのもしく侍る。そのなごりなれば契約申さんとてきたりけるよしの給ひしが、いくほどもなくこの聖三條堀河にて臨終正念にて素懷をとげ給ひしかば、さだめて半坐のうへに往生の因緣をかたらひ給ふらんとぞおぼえ侍る。(六條緣起第六)

と述べて、一遍に歸したる能念と生阿彌陀佛が一蓮の上に往生して、仲睦じく昔の物語りをしてゐるであらう姿を想像してゐる。

二宮入道のこととは、尾張の國に二宮入道なるものがあつた。一遍の巡化に逢つた時、「臨終の時はたすけさせ給へ。」と頼んだ。一遍は「信ぜばゆかんずるぞ。」と約束した。その約束をして一遍は更に巡歴にのぼつて行つたが、彼はそれから病つき、命旦夕にせまつた時彼は一人の僧が、彼の前にやつて來たと思つた。そこで彼は知己の僧に「一遍上人のいらせ給ひたるは、みたてまつるか、うしろむきにおはすぞ。」と云つたところ、その僧が只今臨終であるから引接の爲に西に向つておはすのであると訓したところ彼は歡喜の思ひに住して念佛して死んだと六條緣起は能念の往生のあとに書いてゐる。

三

一遍はかくして弘安五年、弘安六年の春、夏、秋を旅に暮して、その間、駿河、遠江、三河を賦算し尾張に移り、熱田宮に詣で、それより菅津の甚目寺に着し、こゝにて七日の行法を修したのであるが、如何なることか僧團の食糧がことごとく缺亡して甚目寺の寺僧は之を甚だしく憂慮した。繪詞傳に、

尾張國甚目寺は推古天皇御宇蒼海の底より觀音を感得し奉りて伽藍を建立す。靈驗無雙の本尊也。爰に聖請に應じて當寺にて七ケ日の行法を始行し給ひけるに、供養力盡きて寺僧歎き合ひければ、聖曰く、志あらば何日なりとも留るべし、衆生の信心より感ずればこそ其の志を受くる許也。されば佛法の味を愛樂して禪三昧を食とすといへり。若し身の爲に衣食を事とせば、まただく衆生利益の門にあるべからず。暫く在家に立ち向ふは是隨類應同の儀也。ゆめ〳〵歎き給ふべからず。我と七日を滿ずべしとの給ひける。（繪詞傳第三）

繪詞傳卷二の同寺の圖は乞食に施食してゐる一遍を描いてゐる。傳によれば、その夜、菅

津の里人が二人とも、本尊の協士毘沙門天王が出現して、「われ大事の容をえたり、かならず供養すべき。」靈夢を感じたので、それより供養山積して、非人乞食等にも施粥して食しあつた。

一遍は、此の頃、十二光の箱をつくり、遊行回國に必要な道具を入れ、且それを僧尼の間に置いて僧座尼座を區別することを確定的にした。十二光の箱とは日沒禮讃の十二光佛にならひ、繪詞傳に「又僧尼の兩方の隔てに十二の箱を置きて、蓋の上に白き色を四五寸許り一筋とほされたり。これは水火の中路の白道になぞらへて男女愛恚をさけむがためなり。」といふのはそのことである。また、その箱の右を赤色に、左を青色に染めた。赤色のそれは男女の瞋憎の相、靑は男女貪愛を象徴したのであつた。

平安中期以降、社會的經濟的不安はながく續いて、良民のその堵に安んずることを得ず、彼等はその重苦に耐へ兼ねて逃亡散佚して、大なるは衆を組んで諸〻に反亂し、小なるは强盜奪掠の徒となり、その徒吏に良民を犯すにいたり、良民の犯さるものは浮浪し、浮浪者となりたるものは强盜盜賊となり、その徒はいよいよ激增した。

諸文献を通じて、この時代に如何に強盗の類が多かつたかは、彼等の强大なるは國守、官史を殺害し、地方廳を襲擊して官物を掠奪する等が頻繁に行はれ、社會的に及ぼせる影響は頗る大であつた。それは時代に對する意識的無意識的の階級的反抗も加味されてゐて、彼等の出沒は治者の心膽を寒からしめた。

武士階級の興起は、これ等を討伐にあたつた中央の武人が各地に土着せるもの、又はその徒の社會的地位を獲得して一方の勢力となつたものによつて行はれ、鎌倉幕府の成立は一應この狀態を鎭靜したのであるが、それは一遍の時代に至つても決して絕滅の徹底を期することは出來なかつた。其上、封建制度の地方的割據には必然的に經濟上の優越を得るために鑛山の爭奪が行はれ、その勢力擴張の手段として鑛夫の頭を武士として、こゝに野武士の誕生をみた。

鎌倉時代の中期以後にも旅人が此等の盜賊の爲に困難したことは屢〻であつた。しかるに一遍の敎團へは彼等が一指も染めなかつたことは、彼等が暗默の間に、一遍の敎團を守護したことである。それは一遍が甚目寺を出發して尾張の西北、美濃の南を通過する時には、彼等は一遍の化導に一層の好意をみせて、一遍の徒に害を加へるものは罪にするとの立札を建てたといふ微笑ましき風景を點出してゐる。六條緣起第七に、その立札の趣旨が出てゐる。

美濃、尾張をとをり給ふに、處々の惡黨ふだをたてゝいはく、聖人供養のこゝろざしには彼の道場へ往詣の人々にわずらひをなすべからず、もし同心せざらむものにをきてはいましめをくはふべし云々よりて三年があひだ海道をすゝめ給ふに、晝夜に白浪のおそれなく首尾緣林の難なし。凡そ化道におもむき給ひてのち、十六年このあひだ洛陽邊土貴賤群をなしゝかどいささかも喧嘩の事侍らざりき。(六條緣起第七)

かくて弘安六年の歲末に近き頃は、一遍とその敎團は近江路に進んでゐた。年譜略に依れば「この秋伊勢大神宮に詣て、念佛法樂し、念佛隨喜の奇瑞あり。國中に勸進す。江州に入り、多賀明神に詣でて感應の奇特あり。別記の如し。高宮に於て歲暮の別時に七日念佛す。」とあり、六條緣起にも近江の草津にて伊勢大神宮の奇瑞のあつたことを述べてゐる。

近江の高宮、高宮寺及び多賀大社と一遍の交渉は、この上洛の途次にあり、高宮寺の切阿が一遍在世にも相當な教團の有力者であつたことは、後に彼が遊行二祖と交換した書狀によつて知られ、一遍が多賀明神に授阿彌陀佛の法號を奉つたことを記錄した文書が高宮寺に殘つてゐる。

一遍四十五歲。

四

日本に於ける宗教迫害史から云へば、法然の淨土教も、その甚だしき迫害を被つた一例である。法然死後七十一年目に上洛した一遍の念佛賦算も、その餘波を受けて比叡山及び三井寺から妨害を受けた。

鎌倉初期の新宗教は教線が完成した後から眺めると、その流傳は實に華々しく、鎌倉幕府創建と共に一時に撩亂と咲き誇つた如く思はれるけれども、それは決して劃期的轉機を一氣に齊したものではない。この平安朝時代に潑剌として布教された天台眞言も漸く爛熟の境に達して、兎もすれば煩瑣な儀禮と形式の爲に一般民衆には、その勢力を失ひ、宗教としての眞生命を疑はるゝに至つたとはいへ、また南都の古宗が、天台、眞言の傳播によりその勢望を失墜したりとは云へ、それ等の勢力は依然として堅く、その潜勢力も各部門に亙つて拔くべからざるものがあつた。その爲に鎌倉時代の新宗教は主として關東に布教されることになつたのである。淨土宗は法然死後、彼の描いた波紋が以外に大きく反映して念佛迫害の聲は消えず、一遍の上洛にあたつても、その恐れなしとしなかつた。

果せる哉、「江州はおほく山門の領たるにより、ひさしく歸依のことしかるべからざるよし、あひふらるゝときこえ。」（六條緣起第七）又「關寺へいり給ひし時園城寺よりしかるべからざるよし制止あり。」（同前）と比叡山と三井寺から苦情が出た。

法然はもと天台の僧であつたが承久五年（皇紀千八百三十五年）彼は、そのながき求法聞道の結果、浄土教の爲に不滅の光を發つてゐた唐の善導の觀經疏散善義から「一心專念、彌陀名號、行住座臥、不レ問二時節久遠一念々不レ捨者、是名二正定之業一順二彼佛願一故。」なる一文を捜りあてた。これによつて、法然は、はじめて安んじて彼の行證に火を點じ、求めてやまなかつた光を、まぢかに仰ぐことが出來た。

日本浄土教が、眞に獨立せる一宗派として、また信念の佛教として發足したのは、實にこの瞬間であつた。水到つて渠成るとは、けだしこのことであつて、法然四十三歳の時である。法然がそれによつて獲得した往生極樂の行法とは、たゞ、選釋本願の名號を口で稱へる口稱專修の一行であつた。口稱の一行によつて救濟されると說く法然の敎義は、藤原氏の沒落より源平三氏の權力の推移の間にあつて人生の無常、生死不安に曝されてゐた人々には暗夜に光明を望むが如き魅力であつた。

文治二年——承安五年より十年目、法然は佛教界の錚々たる權威を相手として大原勝林において決行された大論戰に打勝つて彼は社會的にも思想的にも、その地位を確立した。この論戰は大原の立禪寺にて行はれた故に大原問答と云ひ、法然を圍んで、その論敵となつた人々は、元天台座主顯眞、實地房證眞、靜寂等山門の學徒三十餘人、南都の學生二十餘人諸宗の碩學を合して三百餘人であつた。建久元年法然は南都に赴き諸大寺の大衆を前にして淨土三部經を講じた。

法然による念佛讃仰の聲は彼が晩年に及ぶに從つて、或は法皇の戒師となり、或は關白公卿の歸依を受け、或は當時佛教界の學匠と呼ばれた顯眞、明遍、聖覺等の歸投により世を擧げて靡かんばかりの勢を示して、一路坦々としてその途に何の障害もなく、彼は勞せずして教界の第一人者たるの位地を得たのであつた。法然は比叡山にあつては秀才の名を擅にして智慧第一と讃へられ、教を弘むれば貴賤道俗踵を接して、その門に群り、嫉妬排擠の烈しき宗教界にあつてすら直ちに新宗派の開拓者と認められた幸運者であるが、それはむしろ法然の聰明と大器に據るところであつたと云はねばならない。

五

しかし、法然にも、やはり開祖教祖として避けることの出來ない運命がやつて來た。それは南都北嶺の所謂既成勢力が法然の淨土敎は、やがて彼等の敎權を根こそぎ浚つてしまふ洪水になるのではないかとの疑をもちはじめたことであつた。彼等がそれに氣がつき法然の淨土敎を迫害することになつたのは、法然の晩年から死後にかけてゞある。

元久元年の冬、比叡山三塔の大衆は、曉の霜を踏んで山門大講堂の庭に相會し、專修念佛を停止すべしと議決して、座主眞性に献言し、その雲行きはなかなか險惡であつた。法然はそれに對して七ケ條の起請《きしやう》文をしたゝめて山門に送り、衆徒の憤りをなだめ、僅かにことなきを得た。彼はそれと共に極力弟子に對して輕擧を戒め、その僻見を矯め、ひたすらに事の平穩を祈つた。然るに翌年九月には奈良興福寺の大衆が訴狀を携へて、法然とその徒を重科に處せられんことを朝廷に乞ひ奉り、折も折、彼の門下に法皇の御怒に觸れ奉る如き事件を起したるものがあつて、つひに專修念佛の宣下は下されたのである。

それによつて、七十五歳の法然は專修念佛の統元として「藤井の元彥」たる俗名を附されて土佐に流された。法然の土佐遠島の宣下狀に、

流人、藤井の元彦
使左衛門の府湾原武次　従二人
門部二人　　　　　従各一人
右流人元彦を領送のために、くだんらの人をさして發遣くだんのごとし。國よろしく承知して、例によりて、これを行へ。路次の國、またよろしく食濟具馬參疋をたまふべし。符到奉行
建永二年二月廿八日　　　右大夫中原朝臣
左少辨藤原朝臣

とあつて、一朝にして貴顯の信仰を聚めた法然は忽ち罪人となつて、南海道の官道より四國の最南に送られたのである。法然が勅免されたのは承元元年十二月八日の天下大赦により、その流罪は短期間であつたが、しかし京都に出入することは許されず、彼が漸く都の土を踏むことを得たのは配流の日から五年目であつた。七十九歳の老法然は、先の天台座主慈鎭のはからひで、大谷の禪房に小庵を與へられ、翌年そこで死去した。

法然死せりと雖も念佛迫害の聲はやまず、安貞二年には山徒が大擧してその墓を襲ひて墓を曝きて法然の遺骸を加茂川に流さんとし、遺弟子は未前に法然の遺骨を掘り起して、山徒の目を盜んで所々に隱し廻つた。かつて生前に勢至菩薩の再來として上下に讃仰された法然は死して南都北嶺の法敵として三界に骨を埋むるところなき哀れな姿をとゞめた。

六

專修念佛停止の際、法然の外に流罪となつたものはその主なる門弟であつた。專修念佛はこの爲に一擧にして壞滅し、既成教團の勢力範圍たる上層面からは殆んどその跡を絕ち、その後その布教は關東及び邊地を主として行はれた。そのうち、種々なる理由から既成教團は相續いで自壞作用を起し新興諸宗の五畿內への布敎は漸く自由になつた。

六條緣起に「江州はおほく山門の領たるによりて、ひさしく歸依（念佛門に）のことしかるべからざるよし、あひふれらるゝときこえしかども、橫川の眞緣上人來臨ありて、たがひに芳契ありき。數日の化導わづらひなくしてすぎ給ひぬ。」といふ如く一遍の念佛賦算は禁止されるばかりであつたが叡山の三塔、東塔西塔と並び稱された横川の首楞嚴院より眞緣なる學者がやつて來て深き法交を結んだ。一遍の數尠い消息法語に弘安七年四月二十二日付の手紙がある。それは一遍が京都の因幡堂に赴いてから送つたものであるがそれを一遍上人語錄卷上に、

山門横川の眞緣上人へつかはさるる御返事

此世の對面は多生の芳契、相互に一佛に歸する事、これよろこびなり。生死は我執の迷情、菩提は離念の一心なり。生死本《もと》無なれば、學すともかなふべからず。菩提本《もと》無ければ、行ずとも得べからず。しかりといへどもまなびざる者はいよいよまよひ、行ぜざる者はいよ〳〵めぐる。此の故に身をすてゝ行じ心をつくして修すべし。このことはりは聖道淨土ことば異なりといへども、詮ずるところこれ一なり。故に法華經には「我不愛身命。但惜無上道」とすゝめ、觀經には「捨身他世。必生彼國」ととけり。しかれば聖

道は自力の行、自己の身命を捨て丶道をあきらむる事自然なり。淨土は他力の行なれば、身命を佛に歸して命つきてのち佛性を證す。然れば我等ごとき凡夫は一向稱名のほかに、出離の道をもとむべからず。阿彌陀經の中には「念佛申すものは六方恒沙の諸佛の護念に預りて順次に決定往生する事疑なし。」ととかれたり。唯南無阿彌陀佛の六字の外にわが身心なく一切衆生にあまねくして名號これ一遍なり。兼ねて又、紫雲天華の事、稱名不思議の瑞相なれば凡夫の測量におよばさる者か。凡情を盡して此華もよくわくべく候。阿彌陀經百卷仰せのごとく結緣仕り畢んぬ。穴賢《あなかしこ》。南無阿彌陀佛。

四月廿二日　　一遍

眞緣上人

一遍は眞緣の來謁により、法談を交へた後その附近を化導すること數日であつた。一遍は追々京師に接近して野州郡守山の郊外、栗太郡の琰魔《えんま》堂に到つた。この時、延曆寺の重豪との間に踊躍念佛のふりについて問答あり、それが重豪をして念佛者になる機緣をつくらせた。このことを六條緣起は第四の卷信州にて踊躍念佛をはじめて始行したくだりに「江州守山のほとり琰魔堂といふ所におはしける時、延曆寺東塔櫻本の兵部竪者重豪と申す人、聖の體を見むとて參りたるが、をどりて念佛申さるゝ事けしからず」と述べ、重豪との間の歌の應酬のあつたことを記してゐるが、繪詞傳は更にこの一段を精彩し一遍の面目を躍如たらしめてゐる。(尤も繪詞傳は守山のことを大津の關寺とし、重豪のことを宴聰《えんさう》と云つてゐるがこれは守山にてあつた事件とした方が正しいらしい。)それによると、

江州大津の關寺につき給ひけるに、叡山櫻本兵部阿闍梨宴聰といふもの侍り、一遍房の關寺にてあむなるゆきて法門いひて御房たちにつめてきかせむといひけるを、處々にても學匠多く歸伏のよしきこえ侍り、いかゞあるべからむと門徒等制しけれども、なにほどの事かあるべきとて行き向ひぬ。宴聰一遍房と責め合ふべかなりときゝて若學匠共はしりあつまりてみけるに、宴聰聖の前へ近く居よりたり。いかゞ發言せむずらむと耳をすましたるに、おりふし薯蕷《やまのいも》をめしけるをくひきりて、あの御房これめせとて差し出さ

れたりけるを、左右の手を出して請け取りてくひける間、庭上に立ちならびたる大衆同音にばつとわらひける中に全範美濃堅者といひける悪僧面にあらはれて、つむるまでは思ひもよらじ、おろしをくひつる上はと高聲にいひければ諸人比興のことにのゝしりあへるほどに宴聰もをかしげに思ひてをどりて念佛申さるゝことけしからずとばかりいひければ、

聖

はねばはねをどらばをどれ春駒の
　のりのみちをばしる人ぞしる。

返し　宴聰

心ごまのりしづめたるものならば
　さのみはかくやをどりはぬべき

又聖よみ給ひける

ともはねよかくてもをどれ心ざま

みだのみのりときくぞうれしき。

其の後宴聰は發心して念佛の行者となりて安樂の五坊に籠居の志ありけるが同朋共の問ひ來るも詮なく覺えて、小野宿（攝津國）の邊小泉といふ所に庵室結びて五穀を斷じ名號を唱へて往生をねがひけるとぞきこえし。（繪詞傳第三）

一遍はいきまきたる比叡の荒法師に恐れげもなく食ひさしの芋をつき出した。この一遍の人もなげなる態度にはさすがに「つめてきかせむ」と一遍を問ひつめんとした荒法師も、思はず兩手をさし出して、その芋を食つてしまつたといふ簡單な事柄ではあるが、流石このあたり一遍の淡々たる態度には微塵の虛飾なく、彼の聰明も學德も渾然と一に融合した風格を持つに至つた。

さればこのあたり一遍の傍若無人の行動にも、孤高狷介なる性格は影をひそめ、道心慈悲も誇張なく學解も韜晦の風をもたず、心境いよいよ高く澄んで萬事に徹したことであつた。

それより一遍は琵琶湖の東岸をのぞみ、大津の關寺に入つた。この附近は三井寺の勢力強く、園城寺より賦算化益を禁止すること、關寺に入寺を制止したので一遍とその一行は止むを得ず一時關所のほとりなる草庵に退いた。

しかるに何の故にか一遍の化導は、そのおもむきゆゑなきにあらずと衆徒の許しにより亦關寺に入り七日の行法をはじめた。あまつさへ園城寺より高僧大德が來り一遍に對面して法談を交へた。それ等によつて逆に一遍は引續き二七日（十四日）間も關寺の化益を延長しなければならなかつた。

七

弘安七年四月十六日、一遍は王城布教の爲再度入洛した。關寺を出發した一行は四條京極の釋迦堂に入り、これより滿四十八日間に亙る王城布教の第一歩を印した。五年前の弘安二年の入京には因幡堂の寺僧をして「か様の修行者は」と云つて堂内にも入ることを禁じられた一遍の今回の入京は、そのかみの冷遇とはことかはり、庶民の渇仰はもとより、公卿並びに殿上人の參ずるもの數を知らず、彼の賦算には貴賤上下殺到して人はかへり見ることとあたはず、車はめぐらすことを得ずといふ熱狂ぶりであつた。

一遍の釋迦堂にとゞまつたのは七日間で、それより彼は因幡堂に移り、三條悲田院に一日一夜を過し、その後は蓮光院、雲居寺、六波羅寺を巡拜して空也の遺跡を弔つた。繪詞傳に、

同年閏四月十六日關寺を立ちて洛中へいり給ふ。四條京極の釋迦堂にて念佛ありけるに種々の瑞相耳目を驚かしければ、馬にむちうち車にあぶらさして門前市を成す。其の時入道さきのうちのおほいまちぎみ一念往生の法門尋ね申されて後に奉り給ひける。

一聲とほのかにきけどほとゝぎす
　　猶さめやらぬうたゝねのゆめ

返し

郭公《ほとゝぎす》なのるもきくもうたゝねの

ゆめうつゝよりほかの一聲

同じく出離生死の趣尋ね申されけるに他力の稱名は、不思議の一行也。彌陀超世の本願は凡夫出離の直道也。諸佛の深智非所及、況三乘淺智の心にうかゞはむや。唯諸經の出離を耳にとゞめずして本願の名號を口に唱へ稱名の外に我が心を用ひざるを無疑無慮乘彼願力定得往生といふ。南無阿彌陀佛と唱へて我が心のなくなるを臨終正念といふ也。此の時佛の來迎に預りて極樂に往生するを念佛往生といふなり。

又頭の辨なる人念佛の安心尋ね申されけるに

念佛往生とは我等衆生無始以來十惡五逆四重謗法闡提破戒破見等の無量無數の大罪を成就せり。これより未來無窮の生死に輪廻して六道四生廿五有の間、諸〻の大苦惱を受くべきものなり。雖然法藏比丘五劫思惟の智慧名號不思議の法をさとり得て凡夫往生の本願とせり。此の願已に十劫以前に成就せし時、十方衆生往生の業南無阿彌陀佛と決定す此の覺體阿彌陀佛といふ名にあらはれぬるうへは、厭離穢土欣求淨土の志あらむ人はわが機の信不信淨不淨有罪無罪を論ぜず、たゞかゝる不思議の名號を聞き得たるをよろこびとして南無阿彌陀佛と唱へて息絶え命終らむとき必ず聖衆の來迎に預り無生法忍にかなふべき也。これを念佛往生といふ。南無阿彌陀佛

一遍

辨殿

其の後、雲居寺六波羅密寺次第に巡禮して空也上人の遺跡市屋に道場をしめて數日を送り給ひしに、勢至菩薩の化身にて御坐すよし唐橋法印靈夢の記を持ちて參りたりけるに念佛こそ詮なれ勢至ならずば信じまじきかとぞ示されける。（繪詞傳第三）

と述べ、その後に因幡堂緣起、前天台座主―菩提院僧正の來訪、竹中法印承詮の歸依のことを記して一遍の京都化益の記事を終つてゐる。一遍が頭の辨に與へた手紙は一遍の教學を窺ふ上に最も重要な資料である。即ち一念によつて救はるべき所の衆生の現實の相を示し次に救濟する如來の本願と果上の佛號を顯して機法一體の名號こそ決定往生の業なる

を說き名號の一法に契當するは我執慾心を去り己のはからひを捨てよと敎へてゐる。此の法語は十一不二頌と神宣と六十萬人頌を合して、あますところなき一遍の信念の告白書である。

八

後に時宗《じしゆう》が鎌倉末より吉野朝時代を經て室町時代に大宗派として目されたる折に、時宗は十二派に分立した。尤も之は敎理の差異より寧ろ、派祖、本山、開基、傳法、相承等を異にするの理由から分派したものであるが、その中、初祖一遍の門弟及び二祖眞敎の門弟によつて分流されたものは左の如くである。

一　遊行派　派祖眞敎　（一遍弟子）
二　一向派　〃　一向　（傳　同前）
三　當麻派　〃　內阿　（眞敎弟子）

四　四條派　〃　淨阿（同　前）
五　國阿派　〃　國阿
六　奥谷派　〃　心阿（一遍弟子）
七　六條派　〃　彌阿（一遍弟子）
八　解意派　〃　解意阿（眞教弟子）
九　市谷派　〃　作阿（一遍弟子）
十　御影堂派　〃　王阿（一遍弟子）
十一　天童派　〃　稱阿
十二　靈山派　〃　國阿

就中、王阿は後嵯峨天皇の皇子、竹の御所と傳へられ、事によりて一遍に就いて出家して御影堂派の派祖となつたと云ふ。作阿は天台の僧唐橋法印胤惠、彌阿は六條緣起の著者聖戒、心阿は道後の一遍生誕地寶嚴寺の仙阿のことである。かくの如く、この時の化益にて時宗十二派の派祖となりたるもの二人の歸投あり。縉詞傳に云ふ「さきのうちのおほいまうちぎみ」即ち土御門入道前大臣、藤原基長、西園寺の妹准后、前天台座主證覚等の名門との法交あり、繪詞傳はその餘のことを「如此の明匠高徳たち信敬し給へる間未學淺智の輩はいはざるにをのづから歸伏しけるとぞ」と述べて捨聖一遍の學識信念には僧俗共に驚嘆したことを述べてゐる。

一方六條縁起には、頭の辨に與へた書簡のことと、前天台座主の見參の記事なく、藤原基長の瑞夢記一卷を持參せること、六條縁起は唐橋法印（こゝでは印承）が「念佛こそ詮にてあれ、勢至ならずば信ずまじきか」との一遍の一言のもとに寺と共に一遍に歸した事の次に、

又從三位基長卿ひごろは信じたてまつる思なくして結縁も申さぬところに、たちまちに瑞夢のつげありとて一卷の記を持參せられたりき、聖、さても信心おこらばよき事よとてなげをかれぬ（六條縁起第七）

と述べて、一遍が權門に阿符せずして基長に取あはぬことと基長の作りし瑞夢記を擧げてゐる。

一遍の聰明無比なる性格の一つのあらはれとして、彼は必要以外に限界を越えぬことである。常陸の悪黨が業苦に悩むと聞くも「いろふに及ばず」として捨て、今、また基長の手記も「信心おこらばよきことよ」とてかへりみず、又は瑣末な問題を問題としないことは宗教者として高き自信を示すと同時に强き性格の一端を裏書してゐる。

一遍の京師賦算は通計四十八日であつた。市屋の空也道場に比較的長時間逗留したことは彼が如何に空也に私淑してゐたかを示すもので、六條縁起は京都化益の最後に、空也に對する憧憬と、九州以後の遊行賦算が一遍の心中に計畫的に遂行させたものであることを次の様に報じてゐる。

聖の給く、聖人の風をもちゐること俗をかうることとなし。しかれば關東にして化導の有無をさだめき。かねて思ひしにすこしもたがはず、いま又數輩の徒衆をひき具して洛中に逗留の事もとも斟酌あるべし(云々)よりて經廻の道場行法の日數、みなゆへなきにあらず。京中の結縁首尾自然に四十八日にて侍りしが、市屋にひさしく住し給ひしことはかた〱子細ある中に、遁世のはじめ、空也上人は我が先達なりとて、かの言ども心にそみてくちずさみ給ひき。其の中に、名を求めて衆を願《ねがはん》と爲ば身心疲る。功を積んで善を修せんと爲ば希望多し。如《し》かず孤獨にして境界無きには。如《し》かず稱名して萬事を抛《なげすて》んには。閑居の隱士は貧を樂と爲し、禪觀の幽室は閑を友となす。藤衣紙衾是れ淨服、求め易くして盜賊の恐れなし（原漢文）この文によりて始め四年は身命を山野にすて、居住を風雲にまかせてひとり法界をすゝめ給ひき。おほよそ濟度を機縁にまかせて、徒衆を引具し給ふといへども、心諸縁をはなれて身に一塵をもたくはへず。一生つゐに絹綿のたぐひはだにふれず、金銀の具、手にとる事なく、酒肉五辛をたちて十重の戒珠を全うし給へり。哥に云く

をのづからあひあふときもわかれても
ひとりはをなじひとりなりけり。

おほかたのそらにはそらの色もなし
　月こそ月のひかりなりけれ
かくしつゝのはらのくさの風のまに
　いくたびつゆをむすびきぬらん。（六條縁起第七）

一遍は四十八日間の京都化益の後、人心の歸嚮いよいよ厚き京の地を振り捨てゝ飄然と中國の賦算に旅立つた。

第七章　中國賦算　四十六歳―四十九歳

一

一遍が熊野の神宣を受けて、九州より四國を賦算し、京師に出で、信州に赴き、陸奥を遊行し、關東を化益して東海道を上り、再び京洛を化導した十年間の旅寢に過した歳月は、やうやく、彼の頑健な肉體にも變化を來して、その盛んなりし京都の化益を終つた頃、彼の健康は甚だしく衰へてゐた。

弘安七年五月廿二日、滿四十八日を恙なく敎益に暮した京都を後にして、彼はそれより未だ足跡を印せざる中國地方の北部を化導せんと、市屋道場をたち出で、山城國の桂に移つた時、宿勞一時に現れて一遍は病に悩むことになつた。その爲時衆の一團は、その年の秋の頃まで桂に滯在することになつた。この間に京都よりの來訪者もあり、法門を問ひたる手紙も來たが、彼はそれに答へるも懶く、「おもひとけば、すぎにしかたもゆくするも、ひとむすびなる夢のよの中」の歌に托して、その返事とした。

一遍の所労ははかばかしく恢復せず、その為に教團の桂に滞在した期間は比較的長期間となつてしまつた。一遍は自分の病中に、教團の氣風が弛緩し、多少とも風紀が亂れることを心痛した。また、彼は京都教益中に觀取したことは時代教界の表面にも鎌倉初期の緊張せる空氣は既に沈滞し、念佛門も萎靡消沈して、時代に迎合するの風のあることであつた。しかのみならず教團の中にも、その安易な態度に幾分とも心を索かれたものもあつた樣子なので、それ等を訓戒する爲に次の文章を書いて時衆に示した。

それ生死本源の形は男女和合の一念、浪浪三界の相は愛染妄境の迷情なり。男女形やぶれ、妄境をのづから滅しなば生死本無にして迷情こゝにつきぬべし。花を愛し、月を愛するやゝもすれば輪廻の業、ほとけをおもひ、經をおもふ、ともすれば地獄のほのほ、たゞし一心の本源は自然に無念なり。無念の作用眞の法界を緣ず。一心三千に遍ずれども、ものよりこのかた動ぜず。しかりといへども自然の道理をうしなひて、意樂の魂志をぬきいで虛無の生死にまどひて幻花の菩提をもとむ。かくの如き凡卑のやから厭離穢土欣求淨土のこゝろざしふかくして、いきたえ、いのちをはらむをよろこび、聖衆の來迎を期して、彌陀の名號をとなへ、臨終命斷のきざみ無生法忍にはかなふべきなり。

南無阿彌陀佛　　一遍

これは一遍上人語錄卷上にも出典して、これには弘安七年五月廿九日の日付あり、一遍が桂に移つて間もなき程に作られたものであらう。この敎戒は、佛そのもの、經そのものが貴いのではなく、各自が敎法を悟り成佛して念佛三昧に住してこそ眞の三寶恭敬があるといふのである。

一遍は桂に病を養つてその夏を過し、秋のころに桂を立出でこゝ篠村《しぬむら》といふところに病後の憔悴せる體を運んで來たが、こゝには一遍等を宿す民家とては無く、やむを得ず、草を枕とし苔を莚として一夜を明さんと夕闇の中をそこはかとなく用意してゐるところへよのつねならぬあやしき男達があらはれた。それを六條緣起に、

弘安七年秋の比、桂をたちて北國のかたへおもむき給ふ。桑驛にけぶりとをくして蘿岫

に日かたぶきぬれば、篠村といふ所にて林下に草のまくらをむすび、叢邊に苔のむしろをまふけ給ふに、あやしき男七八人きたりて穴生より御むかへにまいりたりと申してゝかへりぬ。これによりてその翌朝に穴生へまいり給ひたりけるが、かの所にはかつて請じたてまつりたる人もなくして、つゐにゆくゑをしらず、この所に縁をむすばしめんために、觀音のしめさせ給ひけるかとぞ申しあへりける。おりふし腹をわずらひ給ひけるほどに行步わづらはしとて二七日逗留し給ふ。そのあひだまいりあつまりたるものどもを見るに、異類異形にして、よのつねの人にあらず、畋獵漁捕を事とし爲利殺害を業とせるともがらなり。このさまにては佛法歸依のこゝろあるべしとも見えざりけるが、おの〳〵掌をあはせてみな念佛うけたてまつりてけり。他所より召請したてまつりけれども、いたはりにいかゞあるべきと見へ給へるに、結願のあしたよりそのなごりもなく本に復していで給ひにけり。これにつけてもひとあやしみあへりけり。（六條緣起第八）

その後、一遍は丹波を賦算して年を暮した。四十六歳。

二

弘安八年には一遍は丹後に入國し、五月上旬、丹後の西端久美濱を化益して但馬の國に赴き、次いで因幡を賦算した。この地方の素朴な人々の敬虔な態度に一遍は非常なる嬉びを感じた。それを亦、六條縁起より引用すれば、

因幡國をめぐり給ひけるに、或老翁結縁のこゝろざしふかしといへども供養のちからをよばずして、ものゝぐさといふものを四十八つくりて歌をそへてぞたてまつりける。

はきもののあとをしるべとつたねつゝ
　いつかまいらん彌陀の浄土に

ひじり、つたねつゝはめづらしきことば、ものゝぐさは又ありがたきこゝろざしなり。返事せむとて、

はきもののものぐさげには見ゆれども

いそいそとこそみちびきはせめ

又ある人のかさをきたるを制せられてとがめければ、

ひらくべきこゝろのはなのみのために
　つぼみがさきることをこそいへ

又或人かきのはかまを袈裟のためにとてたてまつりければ、

けさのぢにおくれればやがてかきばかま
　しぶの弟子ともたのみける哉

伯耆國おほさかと申す所にて雪の中にひとりうづもれ給ひて、

つまばつめとまらぬ年もふるゆきに
　きへのこるべきわが身ならねば　（六條縁起第八）

その年も暮れて、伯耆の西に位する逢坂にて霏々として積つてゆく大雪の中に閉ぢこめられて、危ふく生命をおとす様なこともあつた。

弘安八年、一遍四十七歳。

三

弘安九年一遍は伯耆の大山《だいせん》の西側を山越して美作《みまさか》に出で神代川に添うて南下し、路を東に換へて、美作の一の宮に詣でた。その社の神宮が時衆のうちにけがれ（忌）に服してゐるものがあるとの理由で一遍等を社内に入れず、樓門の外にあらかじめ造りおきたるをどり屋に留めおいたので一遍等はそこより明神を拜して金森に移り賦算を行つてゐた。その賦算の最中に明神の禰宜が明神の夢想に「いま一度一遍房を請ぜよ。」との告によつて、再び神社まで引返して化益せんことを乞うたので一の宮に引返した。今度は社殿に群り居たる非人乞食を門外に出し、一遍等を拜殿に入れた。

それに就いてはこんな奇譚がある。六條緣起に「彼の社の一の禰宜夢に見るやう、一遍房を今一度講ぜよ聽聞せんとしめし給ふ。又御殿のうしろの山のおびたゞしく鳴動しけるを何事ぞととへば大明神は法性の宮にておはしましつるが、御聽聞にいらせ給ふなり。（六條緣起第八）」とのことにて一遍を再び召請したのである。一遍が、その召により引返して來た時、今度はみごくのかまがおびたゞしくほえ出して二三町ばかりも聞こえて來た。「宮づかさ不思議の思をなして、みこをめしてうらなはするに、われこの聖を供養せんとおもふ。このかまにてかゆをしてたてまつれとの御託宣ありけり。すなはち粥をして供養したてまつりければかまやがてほへやみにけり。(六條緣起第八)」と山や釜を擬人化して、珍らしく中世の幻怪を描いてゐる。

それより一遍は播磨の西より加古郡に至りかねて私淑してやまなかつた敎信の墓に詣でた。六條緣起も繪詞傳にも一遍が敎信を慕ひつくしたことを載せてゐる。六條緣起はその第十一に、繪詞傳はその第四に記載し、ともに一遍が彼の墓側で死ぬことを主張したことを「いなみ野の邊にて臨終すべきよし思ひつれども。」(六條緣起第十一)(繪詞傳第四)と書いてゐる。それは彼が死する年の正應二年のことで、一遍が淡路より船にて兵庫の濱に行かんとする時の感慨を述べたところに出て來るのであるが六條緣起はその三年前に一遍がてゝに參詣したことを付記してゐる。それには、

同九年にいなみの敎信寺に參り給ふ。本願上人の練行の古跡なつかしく思ひ給ひなが

ら、やがてとほり給ふべきにて侍りけるに、いかなる事がありけむ、教信上人のとゞめ給ふとて一夜とゞまり給ふ。人あやしみをなし侍りけり。（六條緣起第九）

とあつて、前文の「いなみ野の邊にて臨終すべき」との文章とによつて一遍の教信への思慕はなみ〳〵ならぬことであつたことを示してゐる。勿論「本願上人の古跡なつかしく」の本願上人の古跡、「いなみ野の邊にこの」いなみ野は、播磨國加古郡にある沙彌教信の墓域のことである。

教信は天應元年（皇紀千四百四十一年）に出生し、貞觀三年八月十五日八十二歲で死去した。一遍の出生に先だつこと實に三百七十三年以前のことである。教信はもと奈良興福寺の僧。唯識、因明の學僧たりしが世を厭うて播州加古郡西野口に隱れて草庵を結び、ついで妻を娶り俗服を纏ひ、まつたく還俗したのであつた。從つて、その草庵には本尊を安置せず、經卷を置かず、或時は村人の田畠を耕するに庸となり、或時は旅人の荷を負うて糊口した。しかし、彼はこの極貧にあつても常に專ら念佛して世に阿彌陀丸と云はれた。

彼の鄕貫姓名共に不詳、或は京都の人と云ひ、又光仁天皇の皇子とも云ひ、藤原武智麿の曾孫にて大和國に生るとも云ひ、その何れとも決定されない。

教信は老いさらばへて窮死し、妻子はその屍を葬るに由なく、北邊の竹蘆におきて鳥獸の喰ふに委ねた。このあはれむべき還俗僧の德行は後にその死地に觀念寺の創立となり、寺傳によれば崇德天皇天治元年には寺號を改めて念佛山敎信寺とし勅額を賜うて大原の良忍をして詔して念佛弘通せしめ給うた。降つて後深草天皇の御代には寺領を賜ひ、播州の七大寺に詔して輪番出勤して每年八月、七日間の大法會を修せしめられた。

敎信の德風は夙に知られて、その純粹なる宗敎生活を憧憬した僧には、一遍の外には禪林寺永觀、眞宗親鸞等がある。彼等はかくして一切を捨離して眞實一道の念佛に生きた敎信を追慕し、荷送りの敎信と愍稱され乍らも念佛生活の法悅のまゝに特異生活を送つた敎信の行蹟にあこがれをいだいた。

四

敎信の墓所に追慕の夢を結んで一遍は、それより攝津に入り國中を賦算して、大阪の天王寺に移つた。それより少し以前、弘安九年の春、一遍が播磨國を化益中、弟子の持阿彌陀佛が來りて一遍に宗門の深義を問うた。持阿は後に、その一遍との隨問隨答の記錄を二十九章に纒め、外に或る人との問答の三章を加へて播州問答集を作つた。一遍上人語錄下卷は殆んどこれに依つて作られたのである。

一遍が天王寺に至つた時、天王寺では異常な事件が起きてゐた。それは金堂に安置せる佛舍利を每日取出してゐたのであるが、こゝ數日壺の中にとゞまつて出でず、その爲に臨時に舞樂を奏して伶人秘曲の袖をかなで晝夜に肝膽を摧き、高僧密法を修したけれども猶出でず、一同危惧憂色の深き折、偶ゝ寺僧は一遍にこの事を依賴した。一遍はそれにより七日祈請して佛舍利を出したので、參詣の諸人の渇仰するところになつた。常住の僧侶も奇異のおもひをして一遍と天王寺との關係は更に深くなつた。

弘安五年鎌倉賦算以後東海道の順調な布敎に續き、京都にての盛大なる敎化の後を承けた山陰山陽より天王寺迄の弘安八、九、十の三ケ年は比較的平凡裡な化益に終始した。これより默々たる巨大な足跡は攝津の一の宮に延び、次で和泉國を巡化し、河内に錫を移し、磯長《しなが》の聖德太子御廟前にて、三日間參籠し一面の寶鏡を納め、大和を巡した。その大和の當麻寺では、「我が弟子等」の誓文を書いた。

それより奈良の諸大寺を巡拜し、男山八幡參じ、また四天王寺に引き返して歳末の別時をはじめた。

一遍四十八歳。

五

天王寺は一遍にとつて特に關係の深い寺であつた。一遍の天王寺參詣の最初の記録は、文永十一年、彼が卅六歳の時、次は弘安九年、四十八歳の時、次は同年の冬の三回であるが、この外にも數回の參拜參籠が行はれたことは確實である。

六條緣起に、一遍の最初の參拜のところに「やがてそのとし天王寺に參詣し給ひけり。この伽藍は釋迦如來轉法輪の古跡、極樂東門中心の勝地なり、五十餘代の尊崇あらたまらず、六百餘廻の道場星霜ふりたりといへども鴈塔いらかくちずして、露盤ひかりかゞやき、龜井ながれひさしくして法水たゆる事なし。御手印の緣起に、若擎二一香一華一恭敬供養、若以二一塊一塵一抛二入此場一遙問二寺名一遠見拜忝、如斯等者結二一淨土緣一云々。かるがゆへにこのみぎりにして信心まことをいたし、發願かたくむすびて、十重の制文をおさめて、如來の禁戒をうけ、一遍の念佛をすゝめて衆生濟度しはじめたまひけり。」(六條緣起第二)と叙述して、天王寺の面影を傳へてゐる。

　四天王寺は用明天皇の二年、聖德太子が、蘇我馬子と共に、物部守屋を攻め給ふの時、四天王の像を造りて戰勝を祈り、戰捷ちて後、難波の玉造の岩上に創建せられ、推古元年に寺域を荒陵《あらはか》に定められて、今の大阪市南區天王寺元町に移轉したのである。本尊は如意輪觀世音、脇檀に彌勒佛、四天王(持國、增長、廣目、多聞)を安置し、境內に施藥院、療病院、悲田院、敬田院の四院をおき、法財二施を布かれた。

　四天王寺の伽藍は古くより極樂の東門にあたるとの信仰あり、鎌倉時代には、淨土教の勃興の氣運と共に西門外に念佛堂が建立されるに至つた。久安二年九月、鳥羽法皇當寺に御參詣あり、金堂、聖靈院、御繪堂を巡拜遊ばされ、西門外念佛所にて御讀誦經の事あり、同年十一月十一日再び御幸あり、翌日、念佛堂落慶式を修せられた。

　其後、法然の弟子空阿彌陀佛が奏聞して、念佛所を開設し、曆仁元年、西山證空が衆徒と共に、聖靈院にて淨土曼陀羅を懸げて、不斷念佛を修した。

弘安九年の一遍の天王寺參拜は、あと三年の命壽である、彼の最後の參籠であつて、そこではしなくも元禪僧であつた如一との間に深い關係を結ぶことになつた。如一は道元の門下で、その逸足として曹洞の禪風に造詣深く、後西山證空に知遇して淨土門に歸した。

六條緣起に、

天王寺に如一上人と申す聖おはしき。もとは佛法上人の門下にして禪門の工夫、年序つもり給ひけるが、後に西山上人にあひたてまつりて一向專修の門にいり給へり。この聖とあひたがひに心ざしあさからぬ中にておはしましたが、廿八日のあした聖の道場におはして對面し給ひてかへりての給ひけるは、けふいなばやと思へども、此の聖の別行にてあるに、心しづかに結願させむと思ふなり。とていとわづらふ事もなくて、つゐたち(一日)のあけぼのに頭北面西にて往生し給ひぬ。かねて臨終の事を人のとひたてまつりければ、ちゝの樣にてこそ、まか覽ずらめとの給ひけるに、ちゝは誰人にておはしますぞと申しければ、三界衆生悉是吾子とかるれば釋迦佛ぞかし。との給ひけるにたがはず、涅槃像のごとくしてをはり給へり。聖は別時結願して、そのかたを見いだして、如一房の往生したるとおぼゆる。ゆきてきけとて人をつかはしければ臨終の所よりは、この事聖につげたてまつらむとて人はしり参りけるに、みちにてゆきちがひたりけり。たがひにみなしり給ひたりけるにこそ、やがておはして見給ひて、まことによし、法師もかくこそあらむずれとの給ひて、手づから葬送し給ひけり。年月こそかはるといへども聖の臨終も廿二日にて侍るべかりしを事のゆえありて廿三日の曉にのべられき、臨終の體もすこしもかはらず、同生の契ひとつなりといへども、かゝるためしはありがたきことなり。（六條緣起第九）

六條緣起繪の如一上人茶毘の圖には、棺を前にして一遍と時衆の人々がたそがれの路を葬送して行く姿を描いてゐる。

六

弘安十年春、尼ヶ崎を通り、明石の絶景を過ぎて播磨の書寫山に登つた。一遍はかねてより書寫山に參拜するの志願あり、後白河法皇の叡覽以來堅く鎖された秘佛を拜さんとして「書寫卽是解脫山、八葉妙法心蓮故、性空卽是涅槃聖、六字寶號無生故、」なる四句の偈と「かきうつすやまはたかねの空にきえて、ふでもをよばぬ月ぞすみける。」の歌を奉りて遂に宿願を達し本尊をまじかに拜して「諸國遊行の思ひで、たゞ當山巡禮にあり。」と感涙にむせび、一夜行法の後下山した。

一遍はそれより播磨灘を一望にをさむ飾磨郡白濱の松原八幡宮に到着し、こゝにて七十句よりなる和讃をつくり會下の時衆に與へた。それは別願和讃と稱へられ、一遍教學の最高峰を示すものである。六條緣起によれば、

一夜行法して、あくれば御山をいで給ひけるに春の雪おもしろくふり侍りければ、

世にふればやがてきえゆくあはゆきの

身にしられたる春のそらかな

この山をいで、なを國中を巡禮し給ひ、松原とて八幡大菩薩の御垂跡の地ありけるにて、和讃を作りて時衆にあたへたまひけり。

身を観ずれば水のあは
きえぬるのちは人ぞなき。
命を思へば月のかげ、
いでいるいきにぞとゞまらぬ。
人天善處のかたちは、
おしめどもみなとゞまらず。
地獄鬼畜のくるしみは、
いとへども又うけやすし。
眼のまへのかたちは、
めしひて見ゆる色もなし。
耳のほとりのことのはは、
みゝしゐてきく聲ぞなき。
香をかぎ味ひなむる事、
たゞしばらくの程ぞかし。

いきのあやつりたえぬれば、
この身にのこる功能なし。
過去遠々のむかしより、
今日今時にいたるまで、
思ひと思ふ事はみな、
かなはねばこそかなしけれ。
聖道淨土の法門を、
さとりとさとる人はみな、
生死の妄念盡きずして、
輪廻の業とぞ成りにける。
善惡不二の道理には、
そむきはてたる心にて、
邪正一如とおもひなす、
冥の知見ぞはづかしき。

煩悩すなはち菩提ぞと、
いひて罪をばつくれども、
生死即ち涅槃とは、
きけども命をおしむかな。
自性清浄法身は、
如々常住の佛なり。
まよひもさとりもなきゆへに、
知るもしらぬも益ぞなき。
萬行圓備の報身は、
理智冥合の佛なり。
境智ふたつもなきゆへに
心念口稱に益ぞなき
斷惡修善の應身は、
隨緣治病の佛なり。

十悪五逆のつみ人に、
無縁出離の益ぞなき。
名號酬因の報身は、
凡夫出離の佛なり。
十方衆生の願なれば、
ひとりももるゝとがぞなき。
別願超世の名號は、
他力不思議のちからにて、
口にまかせて唱ふれば、
聲に生死の罪きえぬ。
はじめの一念よりほかに、
最後の十念なけれども、
佛も衆生もひとつにて
南無阿彌陀佛と申すべき。

はやく萬事をなげすてゝ、
一心に彌阿をたのみつゝ、
南無阿彌陀佛といきたゆる、
これぞ思ひのかぎりなる。
此の時極樂世界より、
彌陀觀音大勢至、
無數の恒沙の大聖衆、
行者の前に顯顯し、
一時に御手をさづけつゝ
來迎引接たれ給ふ。（六條緣起第九）

その後、一遍は備中の輕部にいたり、その年の春、十二道具の持文を書いた。それに續いて一遍は備後に入り、備後の一の宮を拜し、秋に嚴島に詣でた。

一遍四十九歲。

第八章　故郷へ　五十歳

一

一遍が枯木の如き淸淡なる容姿を故鄕に現したのは正應元年（弘安十一年は改元あつて正應となる）の春であつた。彼の今回の歸省は幼年時代笈を負うて九州に渡り廿五歲にて一旦歸國してより第六回目の歸鄕であつて、一遍はこれを最後として再び伊豫の土を踏むことは出來なかつた。

一遍は正應元年の約一ケ年を殆んど故鄕の地に起臥して、心ゆくばかりなつかしき故山の山姿を眺め暮し、生育ちより以來緣故深き思ひ出の地を經廻つて星霜五十年間の推移を安らかに味ひつくしたのであつた。それ以前彼が弘安元年の第五邊目の歸省の時は、彼は春秋四拾歲、七八人の弟子と共に倉皇として嚴島に去つて行つたのである。思へばそれは神宣により風雲に身をまかせて、ひとり立ち出でて、言語に絕したる九州賦算を完遂した意氣いよいよ高く、ながく故里にとゞまつて安閑として休息するを許さぬ心境であつた。

しかるに、この最後の歸省は、一遍はあらかじめこれが生涯の故郷に對する決別であることを豫期してゐたので、彼はまる一年を充分に成道前の回想に耽つたのである。果して一遍のこの間の行動は巨大なる宗教者が僅かにその翼をやすめて靜謐なる平和を樂んだ人生最後の休息となつた。一遍は他阿をはじめ多數の衆を伴つて伊豫に入國し、寶嚴寺々傳によれば同年四月國守對馬守河野通有の囑によつて、かの昔、天平勝寶元年に乎智宿彌玉興が僧行基と協力して造りしと傳へられし大石槽の頂上寶珠形の蓋に名號を刻した由を傳へてゐる。

弘安四年に加寇した元兵の襲來は、偶然にも承久の變に一家離散の運命に見舞はれた河野家の家運を挽回する機會となつた。通信の子通久の子孫によつて辛うじて家門の命脈を保つてゐた河野家の人々は曾つての恩讐を捨てゝ通久の孫通有を一統の首領と仰ぎ、男々しくも勇躍博多の濱に出陣した。通有は河野家四十八代の宗主として驍勇無比の誇高く曾祖父通信より傳來せる家重代の赤地龍の丸の鎧直垂を着し、得意の水軍をあやつり敵艦目掛けて猛襲し、赫々たる大功をたてた。それによつて戰後對馬守に任ぜられ、通信の時に奪はれた本領の多くを恢復した。

通有の叔父にして一遍と從兄弟なる通時はこの役に壯烈なる戰死を遂げ、一族郎黨に戰死傷者夥しかつた中に、一遍の甥通榮も幸、戰功により所領を得た。いま、一遍は世を捨て身を山野にゆだねたりと雖も、このことは一遍の胸中に、そこはかとなく樂しく感じられたことである。かくて彼は道後附近の祖先父母一族近親の墓をめぐつてあるいた。

二

一遍の寶嚴寺滯在は彼の老いたる血潮になつかしき追想が溫く甦つて、彼はこゝにて自像を自刻したと傳へる。その後、彼は尤も有意義なる修行時であつた窪寺別行の地を訪れた。六條緣起はこゝで山內入道の死去したことを報じてゐる。山內入道は一遍の天王寺に於ける別時の時參會して以後、こゝまで隨身して來たものである。彼はもと武士たりしにより時衆に入團しても武器を捨てきれず、常に兵器を隱し持ち、それを一遍に發見されて訓戒され、尙小刀を持つて步いてゐるうちまたそれを發見されて、遂に飄然として兵杖を捨てた條が面白く六條緣起第九天王寺別時の條に出てゐる。それは、

又天王寺にして歲末の別時をはじめ給ふ。凡そ別行の時は時衆の過現の業報を知見し、信心の淺深をかゞみ給ふ事侍りき。過去の事は人しらずといへども今生のしわざすこしもたがふ事侍らず、かゝりしほどに聖いかゞ思ひ給ひけん、かやうのことその詮なしとてその別時より無言にて行じ給ひけり。しかるに丹波の國に山內入道と申すもの、善光寺へもうでむとていでたちけるが、夢想に善光寺の如來のわれは一遍房がもとにあるなり、こゝろざしあらばそれへまいれとつげさせ給ふを、妄想にてもやあるらむとて、なをまいらむとしけるに、かさねて靈夢ありければ聖のもとに參りて歸依したてまつり、いまは弓箭を帶すまじきよし申してつねに隨逐したてまつりしがこの別時に參りたりけるに、聖の給はく、いまはかやうの事はいはねども、いかに入道は兵具を身にしたがふまじきよし申しながら又もつぞとの給ふ。入道、さること候はずと申しけるに、まさしくさるうつぼ、しかじしかじの弓と手鉾と化現せり、いかにと仰せられけるとき、當座

に懺悔して、下人等があなづり候あひだ方便にもちて候也と申して、さるうつぼと弓と手ほこをとりいでやきすてつゝ刀のありけるをばなを大切に思ひて、かくしてもちたるに、又聖の給く、四寸ばかりなる刀をもちたるをばなどかくすぞ、不當の入道かな、ただいま地獄におちなむずと教戒し給ひければ、なくなくとり出しておりてすてゝけり。そののちないよ〳〵信仰の思ふかくして最後のたび四國までつきたてまつりて、伊豫の窪寺と申す所にてつゐに往生をとげはむべりぬ、又世の中の勝事、人の臨終の様かねての給ひをく事すこしもたがはざりき。（六條緣起第九）

窪寺に山内入道の遺骸を葬つた一遍は、それより南して四國山脈の山腹の菅生にわけ登り、窪寺別行の直後、苦修練行の地を訪ふことになつた。既に五十路に達し賦算に憔悴せる老軀に鞭つて四國の山系に默々として攀つてゆく一遍の後姿は教團の人々に異樣な驚きを感じさせた。

文永十一年七月、一遍——當時智眞——は三ケ年に亙つて練行を續けた窪野なる窪寺の草庵を捨て、上浮穴郡菅生の大寶寺に赴かんと四國連山の山中深く別け入つて、その後の半年を、大寶寺の奥の院、岩屋不動に籠居して、繼寺別行にて究明せる眞理の檢討の爲、繼寺別行の結願とも云ふべき修練を試みたのである。それは、智眞卅五歳の夏のことで、この時、六條縁起の著者聖戒は始めて一遍に隨伴した。聖戒の記憶によれば、一遍はこの處にて只管澄心三昧に日夜を暮した如くであつたが、下化衆生の悲願最早抑ふるに由なく、愈ゝ一切衆生の爲に、偏へに如來の教法を說き、ともに如來の大悲に俗さんと捨身の決意は切實に彼の身魂を燒き盡してゐた。それによつて一遍は身命財のすべてを揚棄して悔いざる緊迫狀態にあり、彼はその決意のもとに明けて文永十一年、山河大地を蹈踐して一乾坤の外に逍遙する遊行の第一歩を印する爲に、こゝを下山したのであつた。尤も智眞巡化の秘奥は、その年の夏熊野にて暗示されたる神宣によつて確立したのであるが、遊行化益の大悲願はまつたく菅生にて決定されたことは論をまたない。

一遍の一行は嶮峻なる山路を踏破して、十有五年前、教團の主たる一遍が哲學的思索より信念の旅へと方向を轉換したる霧深き高山の所々を徘徊逍遙して、やがて溫泉郡繁多寺に向つた。

三

一遍が少年の頃、天台宗に出家したにも關らず、その本山にして、當時の學問の總府たる比叡山に登らなかつたことは、彼の父河野通廣が淨土教の信奉者であつたことが重大な原因であつたと推考されるのである。それは父通廣が京都勤衛の武士たりし時の知巳と稱すべき西山派の聖達、華台に我子の撫育を依賴した。通廣が淨土教を信じてゐたことは六條緣起第十の一遍が最後の伊豫賦算の記事より發見される。それは僅を數文字にしか過ぎないのであるが、その場所を卷十より抜書すれば、

正應元戊子年伊豫へわたり給ひて、菅生岩屋巡禮し、繁多寺にうつり給ふ。當寺は昔當國刺史賴義朝臣天下泰平衆生利益のためにとて國中に七ケ寺をたてられける其の一なり。本佛者伊（醫）王善逝なり、效驗まことにあらたなり。聖三ケ月參籠して三部經を奉納し給ふ。この經は親父如佛多年の持經として西山上人華台上人の座下にして訓點ま

のあたりにうけ讀誦功をつむあひだ相傳ののち秘藏して所持し給へるを末代利益のため
にとて施入し給ふなりけり。（表紙の上自筆名號書給云々）

とあり、一遍が手ずれした父親遺敬の經典に表紙を着け換へ名號を上書して奉納したことを明かにしてゐる。文中の淨土三部經とは云ふまでもなく淨土門所依の經典であり、しかもそれは西山證空及びその弟子華台の目前に於て訓點を付して朝夕讀誦したといふ一遍にとつては誠に貴重品であつた。

一遍が比叡山に登らなかつた理由として、一遍の父通廣の淨土敎の信奉と淨土門の錚々たる達人に親炙したことを擧ることが出來るのであるが一遍の登山とは關係なきも當時の比叡山のことを簡單に述べてみよう。

平安時代より鎌倉時代を終るの長期間、日本の官學の權威は比叡山にあつた。比叡山はよくこの永き期間學問の總府としての使命を傳承して日本文化史上に沒すべからざる存在價値を有してゐた。比叡山は平安朝初期に僧最澄によつて開山され、空海（弘法）によつて開かれた高野山と竝んで、その宗風は平安時代を風靡したのである。最澄は空海と共に日本に於ける最も偉大なる宗教家であり、また最も功績のあつた文化の輸入者であり、猶當時の佛教界の第一人者としては勿論、最大なる知識人として高遠なる哲學者として知られた。

最澄が比叡山を開山した理由は奈良の古宗が都塵にあつて腐敗したるに鑑み、自己の新宗教は天台自體の學問的思索的傾向よりして、山中に深く傳燈し、その間に信念による佛教を育成せんと試みたことである。彼が山家學生式に云ふ「國寶とは何者ぞ、寶とは道心なり。道心ある人を名づけて國寶となす。——能く行ひ能く云ふは國の寶なり。道心ある佛子西に菩薩と稱し、東に君子と號す。天台の年分、永く大類と爲し菩薩僧と然さん。」との烈々たる素願は、籠居十二年の後に學識信念に優れたる信仰僧侶を養成せんとの考へからであつた。

最澄の最初の思慮は、平安朝の中期以後、比叡山が時代風潮の渦卷の中に陷入り、寺領の爭奪、名聞利養の欲望、僧兵の跳梁等の惡弊の中にも犯されることなく傳統し、殊に學問に關しては特に嚴重に保護されてゐた。その爲に鎌倉時代に至つて猶新興佛教の祖師高僧も競つて登山受學したのである。卽ち大原の良忍は十一年間、法然は九年間、榮西は前後合せて十三年間、法然門流の鎭西派祖聖光、長樂寺祖隆寛も天台の學徒として、親鸞は十九年間堂僧として在山し、日蓮も道元も登山した。その中にあつて、ひとり一遍のみが登山の記錄なきは一奇である。

四

記錄によれば一遍は高野山には屢〻入山してゐる。しかるに比叡山に登山した確實な記錄はない。そのことによると一遍の時代には學問所として比叡山の權威が最早薄く、一遍が殊更に登山の要なき程であつたのか、又は一遍の學解が旣に熟してゐて、彼の成道前には叡山の敎學が全然必要なき處まで進步してゐたからである。

尤も前節に擧げた鎌倉佛敎の敎役者は、叡山の敎學を窺はんとして一度は登山したのであるが、その悉くが山を下つて民衆に信仰を布敎した人達である。これ等の人達は籠居（修學のこと）が終了して後は信仰佛敎としての最澄の悲願はその素願は別として、この時代層の中には信念の告白の形式と、その傳導對象とに相通ずるところ尠く、その爲に下山したといふも過言ではない。

一遍が高野山に再々入山し、殊に彼が熊野に於て、「我生きながら成佛せり。」と絶叫したと傳ふ、その言葉は覺鑁の眞言念佛系統の卽身成佛の玄旨に深き默契を有したものと考へる見方は果して不當であるであらうか。

それは扨置き、一遍は往時の因緣の地、修行の跡等を殘すことなく巡歷して伊豫國中を賦算した後、その年（正應元年）もおしせまつた頃三島に渡つた。三島とは伊豫の越智郡と安藝國の間に散在する島々の總名であつて、その最大なるを大三島と呼び、大山祇神が鎭座する。大山祇神は古來より豫州の一の宮又は三島大明神とも稱され、越智河野兩氏の氏神として崇敬最も深き神社であつた。

同（正應元年）十二月十六日に三島に參詣し給ふ。垂跡の濫觴をたづぬれば、文武天皇の御宇大寶三年癸卯三月廿三日あとをたれ給ふ。依一說。それよりこのかた五百餘廻の鳳曆をかさねて八十餘代の龍圖をまぼりまします。不老不死の妙法をかたどりて迹を三の島にたれ、實修實成の壽量をしめして、嶺を靈山となづく。山たかくそびえて無上高妙の大智を表はし、海ふかくたゝへて弘誓深重の大悲をあらはす。聖の曩祖越智益躬は當社の氏人なり。幼稚の年より衰老の日にいたるまで朝廷につかえては三略の武勇を事とし私門にかへりては九品の淨業をつとめとす。鬢髮をそらざれども法名をつき十戒をうけき。つゐに臨終正念にして往生をとげ、音樂そらにきこえて尊卑にはにあつまる。かるがゆへに名を往生傳にあらはし譽を子孫の家にをよぼす。又祖父通信は神の精氣をうけてしかもその氏人となれり。參社のたびにはまのあたり神體を拜し、戰場のあひだにはかねて雌雄をしめし給ひき。これによりて聖遁世修行のみちにいで給へりといへども、垂跡の本地をあふぎて法施をたてまつり給ひてかへりたりけるに、同二年正月廿四日供僧長觀に夢想の告あり。大明神とおぼえさせ給ひて、束帶にて御寶殿の正面の廣縁に西にむきてたゝせ給ひておほせられけるは、古へは書寫の上人この處にまうで、說戒ありしによりて鹿の贄をとゞめおはりぬ。いま一遍上人參詣して櫻會(二月九日觀櫻の神事)の日、大行道にたち大念佛を申す。この所にして衆生を濟度せしめむとするなり。これに値遇合力せざらん輩は後悔あるべし云々、又同廿七日地頭代平忠康示現をかうぶる。詞大略これにおなじ。そのほか夢想をかうぶるものあまたありけり。聖を召請せよとしめされけるに僧、供のなきよしを申しければ、櫻會の料物をもちて供養すべし。それかなはずば太刀をうれなどくはしくしめさせ給ひけるによりて、二月五日召請したてまつる。よつて同六日參詣し給ふ。御縁日たるによりて同九日櫻會をおこなふ。大行道の最中に御寶殿のうしろにして、聖、昔大明神とあらはれ給ひし山を見あげて一遍をばなにの要にめしけるぞと思ひたれば、贄をとゞめさせんためにてありけり。元三霜月（正月元旦）の經營魚鳥をとゞむべし、このほか夢想にしめされける事どもいまだきゝ給はざるに聖の詞一もたがはず、人みな申しけるは昔をおもへば、永観二年に叡山の湛延ならびに惟空上人あひともに參詣し給ひて、佛經供養を行はるゝところなり。いままた靈夢のつげ、昔にかはらず感應のおもむきあらたなるうへはとてまいりあへる。神官國中の頭人巳上廿七人夢の告ならびに聖のをしへにまかせて、制文を書きて連判をくはへて記錄にそなへ畢んぬ。（六條縁起第十）

一遍が三島明神の神前にて修したる正應元年の恒例別時は、彼が一代の最後の別時であつた。一遍五十歳。

第九章　示寂　五十一歳

一

一遍が故郷伊豫の巡歴を終へた頃、一遍の頑健なる肉體を訪れたものは烈しい衰勞の色であつた。流石に捨身十六年の長き旅は彼の肉體から血をそぎ取つて、彼が四國に殘したる讃岐阿波の化益を思ひたつた時には、隨行の時衆の人々は一遍の肩が急にやせて歩行にさへ困難してゐるさまをまざまざと感ずるやうになつた。そして時衆の人々は、かく惱みながらも、猶も光明と歡喜に燃えて賦算を怠らぬ一遍の姿を今更ながら尊く覺えて、そこはかとなくいたはり盡すのであつたが、一遍の病惱は、その後少しも減退することなく盛夏と共に苦痛は益〻增してゆくやうに思はれるのであつた。

正應二年、讃岐國にこえて善通寺、曼陀羅寺巡禮し給ひて、阿波國にうつり給ふ。聖いかゞおもひ給ひけむ、機縁すでにうすくなり、人敎戒をもちひず、生涯いくばくならず。死期ちかきにあり。との給ひけるを、人々あやしみおもひけるに、いくほどなくして大鳥の里河邊といふところにて、六月一日より心神例に違し寢食つねならずおはしましけるに、

おもふことみなつきはてぬうしと見し

　よをばさながら秋のはつかぜ

この詠につきて時衆ならびに參詣の人々もいよ〱心ぼそくおぼえける。しかるに病惱は日をかさねてまさるといへども、行儀は時をたがへずさらにかはる事なし。七月のはじめに阿波の國をたちて淡路の福良の泊にうつり給ふとて詠じ給ふ

きえやすきいのちはみづのあはぢしま

　山のはながら月ぞさびしき

あるじなきみだのみなにぞむまれける

　となへすてたるあとの一聲

當國に二の宮とて往古の神明まします。靈威あらたにて賞罰はなはだし。本は西むきに

おはしましけるが、海上にすぐる船人等をろかにして禮なければたゝりをなし給ふによりて南むきになしたてまつれりけり。縁起つたはらざれば垂跡のおこりたしかならず。本地を春のあらしにたづぬれば、松柏蕭條としてものいはず。和光を秋の月にとぶらへば雲雨渺茫としてさだめがたし。祝部わずかにつたへて伊弉冊尊にておはしますとぞ申しける。聖おほせられけるは、出離生死をばかゝる神明にいのり申すべきなり。世たゞしく人すなほなりし時勸請したてまつりしゆへに、本地の眞門うごく事なく利生の悲願あらたなるものなりと。さて聖やしろの正面に札をうち給へり。

名にかなふこゝろはにしにうつせみの

もぬけはてたる聲ぞすゞしき　（六條縁起第十一）

一遍が南海道の渡船にも似たる淡路島の小邑福良に着し、三原郡幡多郡の二の宮たる大和國魂神社の社殿の正面に札うちした。その一遍の添付した札は聖戒が六條縁起を起稿する際に再度一遍の足跡を迂つて巡國した時には、この札は尚も、その社の正面に殘つてゐた。

二

聖戒はこのことを、すぐその後に、

聖戒淡州修行の時もこの札なを侍りき。かのいはほのうへにうつしをかれけむ半偈の文もかくやとおぼえて感涙をさへがたかりき。（六條緣起第十一）

と述べて、彼が一遍死後十一年目に完成した六條緣起の繪卷物を起草する時、一遍の巡歷路を廻國したことに至つて湧然として、その師の溫容を想起し、思はず筆を走らせて彼の感概を載せてしまつた。

この記事によつて、聖戒の六條緣起は、彼がその執筆に際して一遍巡歷の跡を再度訪れたことを實證してゐるのである。更に畫工圓伊も聖戒に同伴したことは、彼が如何に巨腕の持主であるとしても、それに表現された風景が實景寫生を度外しては絕對に空想で描けない正確な描寫によつて表現されてゐることで、恐らく彼も聖戒に同伴し、若し同道しない場合も聖戒に隨行した畫家の寫生を粉本としたことには間違ひはない。

六條緣起の繪は一遍の遊行した都鄙の自然の景色が熟達自在の筆と淸麗なる設色によつて畫き現はされてゐて、本朝畫史に「其山川樹木、彩墨圓熟、意趣有餘者也」とある。法眼圓伊の傳は詳《つまびら》かではないが、鎌倉後期に於ける第一流の畫家、隆兼、吉光と雁行したる巨匠である。この時代の名作の一として「那智瀑圖」あり、これは那智權現の神姿を、瀧の自然景を藉《か》りて表現した神祇畫であつて、禮拜を目的として描れてゐる。その圖樣は嚴肅に瀧を中心として整ひ、神秘感深く雄偉の觀に充ちたものであるが、この畫は六條緣起第三の繪の「那智の圖」と酷似してゐるので同一作家の筆になるものではないかと云はれる。

聖戒が半偈の文として感涙を抑へずにはゐられなかつた半偈とは「諸行無常、是生滅法生滅々已、寂滅爲樂」の前半偈のことである。これは涅槃經第十四に出典し、これを雪山の半偈又は雪山の八字とも云ふ。

この偈は、その前半卽ち「諸行無常、是生滅法」とは概念的、學問的組織であり、後半即ち「生滅々已、寂滅爲樂」とは概念より宗敎として信證されるに至る眞理である。又、この偈の前二句は、印度に於ける佛敎の敎法以前の學的組織であり、後の二句は學的組織を行信として宗敎としての佛敎に至らしめたことを示してゐる。印度の學問が宗敎として行信にまで發展する迄には極めて永き時間を經たのであるが、これにはその關係を説明せず、その時間空間を省略して一個の物語として壓縮して表現したものが涅槃經の聖行品「施身聞偈」又は「投身餓虎」によつて表現されてゐる。このことは日本に於ても、かの有名なる法隆寺玉蟲厨子の臺座に繪畫として圖された。

哲學的組織が人生を解決せず、宗敎的行信としてのみ解決されることを示したこの物語を更に詳しく説明すれば、またそれに達するには如何なる犧牲もいとはぬ勇猛心が必要であることを示してゐる。

昔、雪山童子といふ修行者がヒマラヤ山の奥深くに道を修めてゐると「諸行無常《しよぎようはつねなし》、是《これ》生滅法《しようめつのはふなり》」との偈を唱へる聲が、童の坐してゐる崖下から聞えて來た。これを聞いた童子は、それこそ自分が苦心慘澹して求めてゐた言葉であつた。その通り地上には永久に存ずるものはなく、一切萬物は變化生滅するのである。彼はそれが直截な眞理であればある程、その答を知り度いと思つた。この偈を唱へたものは意外、童子の坐してゐる崖下にうづくまつてゐた羅刹であつて、彼は空腹であるから、その次の答へに應ずることは出來ないと童子の要請に對して答へた。

童子は彼に、自身の身體を與へて彼の飢餓を救ふことを約して「生滅々己《しようめつをめるしおはりて》、寂滅爲《じやくめつを》樂《らくとなす》」との後半偈を聞くを得た。そこで童子は、この偈を人々の爲にとて、岩に書き殘して羅刹との約に從ひ身を投じたのである。これは釋迦が過去の世に波羅門であつた時に（印度の哲學が佛教として完成する迄の胎動期に）帝釋天が身を羅刹に變じて、雪山童子と云たところの釋迦の求道心を試みたのである。（佛教が開始される迄にこんな風な思想的展開が行はれた）羅刹はこの時忽ちに帝釋天と姿を變じて童子の體を抱き起し、岩上に安んじて禮拜して「童子よ、童子こそよくこの汚濁した無明の世界に正法の炬火を點じて人々を救ふ眞の菩薩である。」と三嘆した。

「諸行無常、是生滅法」は眞理である。しかし、それにては、たゞそれが絶對に眞理であること敎へてゐるにとゞまつてゐるに過ぎない。それを「生滅々己、寂滅爲樂」として解決した時に始めて宗敎としての解釋が成立するのである。

聖戒は一遍によつて示されたる「名にかなふこゝろはにしにうつせみの、もぬけはてたる聲ぞすゞしき」の歌に雪山童子の昔を忍び、無量の感慨胸にせまつて覺えず感泣したと告白してゐる。

三

一遍は七月のはじめ阿波より淡路島に賦算し、福良港より南海道の官道を上り志筑に至つた。彼は、あへぎあへぎ道をたどりつゝ「捨身他生、心生彼國」の信念により、異常なる精神力にて、まさに亡びんとする肉體をつなぎとめてゐた。彼が最早、明白に近々に死が彼のもとを訪れるであらうことを期してゐたことは六條緣起に、

同國しつきといふ所に北野天神を勸請したてまつれる地あり聖をいれたてまつらざりけるに

よにいづることもまれなる月影に

かゝりやすらむみねのうきくも

といふ哥、社壇に現じたりければ、このゆへやいそぎいれたてまつりぬ。聖ことに信敬の掌をあはせて法施をたてまつられけり。凡そ天神は西土補助の薩埵として蓮臺を迎接の砌にかたぶけ、東域垂權の明神として華夷を安寧の世にまぼり給ひ、現當の利益ならびなければ尊卑の歸依たゆる事なし。仁和寺の僧西念臨終の事を熊野に祈り申しけるにも北野に申すべきよし示現ありけり。されば此の神はかりに左遷の名をのこして濁世末代の人をたすけ給ふのみにあらず。ことに終焉の名をのぞきて淨土無生の門をひらきましますにこそ、託宣のおもむきまことにゆえなきにはあらざるべし。そののちなをなやみながら、こゝかしこすゝめありきたまひけるに、みちのほとりのつかのかたはらに身をやすめ給ひて詠じたまひける

旅衣《たびころも》木のねかやのねいづくにか

身のすてられぬところあるべき

此の國はさかひせばくして往反の輩もいくばくならず、結縁のものもなをすくなしとて、七月十八日に明石の浦にわたり給ひぬ。をの〳〵蘆の夜雨に涙をあらそひ、岸柳の

秋風に情をもよをさずといふことなし。漁翁釣をたれて生死の海に身をくるしめ、遊女棹をうつして痴愛の浪にわかれをしたふさままでも生者必滅のことはりをしめし會者定離のならひをぞあらはし侍りける。さて兵庫の島より御むかへに船をたてまつりたりければ、いなみ野の邊にて臨終すべきよし思ひつれども、いづく利益のためなれば進退縁にまかすべしとて兵庫へわたりて觀音堂にぞ宿し給ひける。（六條緣起第十一）

と、一遍が七月十八日に明石の浦に移錫し、敎信の墓邊に死ぬべしとしてゐたのであるが、前述の理由から敎信の墓のある加古とは逆に東に舟航した。

一遍が「旅衣木のねかやのねいづくにか、身のすてられぬところあるべき」と詠じた歌は、化導つきて、醜骸となりはてた我身の所置を述べたのである。後にかの俳諧者芭蕉が江戸中期に一蓑一笠の行脚生活の上に貞門、談林の俳諧をして、眞に私慾を去り人間本然の姿にたち還る風雅なる道とし、自然を友として一所不住の最後を「旅にやみて夢は枯野をかけめぐる」と遺咏して終つたことは人口に噲炙されてゐるところであるが一は遊行の敎役者として、一は遊行の俳諧者として、その最後は同じ思ひの感慨を殘したことは、そぞろに哀愁をさそふものがある。

一遍といひ、芭蕉といひ、ともに野の人として終始し、旅に半生を委ねて奇《く》しくも同じ五十一歳で死んだ。

四

一遍は進退を縁に任して明石より兵庫の島に渡つた。兵庫とは現在の神戸市の兵庫であつて、務古水門、大輪田泊と云ひ、中世築島して港泊を修したる頃より輪田泊の名廢れて兵庫の島の呼名が起つた。平清盛が經ケ島修築のことは平家物語、源平盛衰記に見ゆるも虚飾多く、清盛の計畫は實に東大寺の重源の手を經て成功したのである。

一遍の迎へられた宿舎は兵庫の觀音堂であつた。この時、彼の病は急に重く、初秋の風が海をよぎつて樹々の葉を色づけはじめた爽かな朝は一遍の病軀にも快よく感じられた。

八月二日。

八月二日、聖縄床に坐し南にむきて法談し給ふことありき。巽の方に因幡の蓮智上人、南に兵庫光明福寺方丈坐せらる。其の外道俗かずをしらず聴聞す。右のわきに聖戒が侍りしに、筆をとらせて法門をしるさせたまふ。清書してよみあげ侍るに、かさねておほせらるゝ様、我臨終の後身をなぐるものあるべし。安心さだまりなばなにとあらむも相違あるべからずといへども、我執つきずしてはしかるべからず。うけがたき佛道の人身をすてむことあさましきことなりとて落涙し給ひて、これをかきをくもこのためなり。よく／＼用意あるべしとて十二光の箱におさめられき。其の時因幡の聖（蓮智のこと）衆中を見まはして、此の事人々よく／＼御存知候へとて感嘆にたえず、おなじく悲涙をながし給ひき。彼の遺戒の詞に云く、

五蘊の中に衆生をやまする病なし。四大の中に衆生をなやます煩悩なし。但本性の一念にそむきて五欲を家とし三毒を食として三悪道の苦患をうくること自業自得果の道理なり。しかあればみづから一念發心せずよりほかには、三世諸佛の慈悲も濟《すく》ふことあたはざるものなり云々（六條縁起第十一）

八月十日

同十日の朝、もち給へる経少々書寫山の寺僧の侍りしにわたしたまふ。つねに、我が化導は一期ばかりぞとのたまひしが、所持の書籍等阿彌陀經をよみて手づからやき給ひしかば、傳法に人なくして師とともに滅しぬるかとまことにかなしくおぼえしに、一代の聖教みなつきて南無阿彌陀佛になりはてぬとの給ひしは、世尊說法時將了慇懃付屬彌陀名の心にて五濁增時多疑謗、道俗相嫌不用聞とあれば、よく〳〵しめし給ひしこそ夫八萬の正教は有漏の見解を治し五智の名號は果海の本源を示す。この故に釋尊無際の慈悲三寶の滅時に念佛を留めて難思の密意をさづけ給ひける。雙樹林下の往生樂もかくやと思ひいでられて、あはれもつきずなごりもやるかたなかりしありさまなり。(同前)

八月九日より八月十六日

正應二年八月九日より七日間、紫雲たち侍るを、其の由申せしかば、さては今明は臨終の期にあらざるべし。終焉の時にはかやうの事はゆめ〳〵あるまじき事なりとおほせられしにたがはず、其後はさやうの瑞相もなかりき。故人の筆に、諸天無語捧華、魔外不見行蹤、不見是眞出家とかゝれたるものこのことはりなるべし。聖の常の教戒には、ものゝおぼえぬものは天魔心にて變化に心をうつして眞の佛法をば信ぜぬなり。なにも詮なし。たゞ南無阿彌陀佛なりとぞ侍りし。まことにかの瑞華も紫雲も出離の詮にはたゝぬ事をあらはして、まことの時は見えざりき。過去をしるも未來をしるも、因分の智惠は要なきものにこそ。聖の哥に、

阿彌陀とはまよひさとりのみちたえて
　　たゞ名にかよふいき佛なり。

南無阿彌　ほとけのみなのいづるいき
　　いらばはちすのみとぞなるべき　（六條緣起第十二）

八月十二日より十五日

同十二日より番にむすびて、十五日まで面々各々に隨逐給仕したてまつるに、聖の給く、こゝろざしのゆくところなればみなちかづきぬ。結緣は在家の人こそ大切なれば今日より要にしたがひて近習すべし、看病のために相阿彌陀佛彌阿彌陀佛一阿彌陀佛ちかくあるべし。又一遍と聖戒とが中に人居へだつる事なかれとの給ふ。他阿彌陀佛は一化の間かはる事なき調聲にて侍りしうへおりふしわずらひありしに、聖、いたはるべしと仰せられしかば本座をさらずしてゐ給ひき、それを始として時衆は此の內陣に坐す。但し薗阿彌陀佛、賴阿彌陀佛等四五人は時に隨ひて御そばに伺候ありき。（六條緣起第十一）

八月十二日より時衆の人々は一遍の病狀がいよいよ進み、萬一のことの爲にとて、各々當番を定めて看護にあたることになつた。それは十五日まで續けたが一遍の命により、そのことを中止して三人の侍者と聖戒とが常に彼の病席にあることになつた。それからは一遍の枕邊にはその四人と外に薗阿、賴阿の四五人が時々訪れて來るのみとなつた。その頃

他阿眞教も病に患つた。繪詞傳に、

その比、他阿彌陀佛病惱の事ありけるに聖曰く、我已に臨終近か付きぬ。他阿彌陀佛はいまだ化緣つきぬ人なれば、能々看病すべきよしのたまふ。而るに所々の長老たち出で來りて御敎化につきて機の三業を離れて念佛ひとり往生の法と領解し侍りぬ。然而猶最後の法門うけ給はらむと申しければ、三業のほかの念佛に同ずといへども、たゞ詞ばかりにて義理をも心得ず。一念發心もせぬ人共のとて、他阿彌陀佛、南無阿彌陀佛はうれしきかとの給ひければ、やがて他阿彌陀佛落涙し給ふ。上人もおなじく涙を流し給ひけるにこそ、たゞ人にあらず、化導をうけつぐべき人なりと申しあひけれ。（繪詞傳第四）

とあつて、一遍と眞教の交情眞契を目のあたりに見るの感がある。

五

かくて病情益〻進み、八月十七日。

十七日の酉時ばかり、すでに御臨終とて人々さはぎあへり、聖西にむきて合掌して念佛し給ふ。しばらくありて十念となへ給ふ。其の時聖戒はあからさまに濱にいで侍りしが、すでに御臨終と申しあひたりし程にいそぎまいりたりしかども、人あまた中にへだたりてはるかにとほくて見たてまつるに、聖よび給ひしかば、人をわけて參りたれば、かくて存ぜる事、自のため他のため、其の詮なければ臨終してみれば其の期いまだいたらず、たゞ報命にまかすべきか。又しゐて臨終すべきかとの給ふ。御返事に、かくて御座候こそ御利益にて候へ、御報命を機緣にまかせらるべきかと申し侍りしに、光明福寺方丈內陣にゐ給ひたりしが、まことにかくていつまでも御渡り候へとこそ人々も思ひ給ふらめ。又これにすぎたる御利益やは侍るべきと詞を加へ給ひしかば、さらばとて本のごとくゐなをり給ひぬ。（同前）

八月十八日。

十八日のあした、聖戒をよび給ひて、わが目を見よ、赤き物やあるとおほせらる。みたてまつるに赤すぢありすなはちあるよしを申すに、そのすぢうせむ時を最後とおもふべしと云々（同前）

八月廿一日。

廿一日の日中ののちの庭のをどり念佛の時、彌阿彌陀佛、聖戒まいりたれば、時衆みなこり（垢離、あかのこと）かきて、あみぎぬきて來るべきよし仰せらるゝとき、時衆は庭にをどるよし申せば、さらばよくをどらせよと仰せらる。念佛はこゝみなまいりてのち結縁集をのけて、門弟ばかり前後に座せしめ、頭北面西にして念佛し給ふ時、道俗おほくあつまりて堂上堂下さはがしき事かぎりなかりしかば、いまにてはなきぞとて、人をのけよとの給ふ。他阿彌陀佛そのよしをふれめぐれども、人あへてしづまらず、さらばとて時衆をものけ、座席をもなをして、本のごとくなをり給ひたりしかばみなしづまれり。

一遍の諸國遊行の場合、その教團は正式に入浴することは甚だ困難なことであつたが、野天にて浴する方法としては、この當時にも便な方法はあつた。それは土を掘り、その周圍をかため油紙を敷き、湧した湯をそれにそゝぎて入浴するのである。一遍の教團は如何なる邊土にても、この方法によつて三日に一度入浴する習慣であつた。一遍は時衆の人々入浴してあみぎぬ（麻のころものこと今あみ衣といふ）を着てゐるやう命じた。

同廿一日。

又在地の人に中務入道と申すものまいりて、今日は西の宮の御祭にて候。在地のもの御行に參る事に候が、今日御臨終にて候はゞ御行にはづれ候べし。いかゞ仕り候ふべき。と申しければ、聖、さらば今日はのべてそせめと仰せらるゝ。（同前）

同日、午後。

一遍はしばらくまどろんだ。聖戒は枕席にあつたが一遍が急に起上つたので、彼は、さては床擦《とこずれ》が病むので起きたのかと心痛したのであるが、それは西宮の神主に十念を授ける爲に起きたのであつた。この十念は一遍が生存中人に授けた最後の十念となつた。又その日、播磨國の淡河氏の妻に賦算した。この賦算は一遍が人に與へた賦算の最後であつた。一遍の賦算化益は一化十六年に、その札算《ふだかず》二百五十一萬千七百廿四枚と記録され、淡河氏の女は賦算を通じて二百五十一萬千七百廿四人目の結縁者であつた。六條緣起に、

西の宮の神主まいりて申すやう、去年西の宮に御參詣の時より知識とたのみまいらせて候が、御臨終のよしうけ給はりて候て、をがみたてまつり十念うけまいらせむと存じ候て、神明の祭禮最後の御供と存じて候ひつるがわざと御行よりさきにまいりて候なり。と申すを聖きゝ給ひて、なげしの上（椽內）へと召請し給ふに、神主かしこまりて侍るを、存ずる旨あり。うへゝのぼり給へ、しからずば十念をばさづけ申すまじきぞとおほ

せられしかば、うへへのぼりて十念うけたてまつりき。かずとりをさづけ給ひしかば給はりて、いそぎかへりぬ。ゆへある事もや侍りけん。人に十念をさづけ給ふ事これ最後なり。されば縁謝即滅のはじめ利生方便のをはりとて神もなごりをしみ給ひけるにこそ。六十萬人の融通念佛は同日、播磨の淡河殿の女房参りてうけたてまつりしぞかぎりにて侍りし。凡そ十六年があひだ目録にいる人數二十五億一千七百廿四人なり。其の餘の結縁集は齢須もかぞへがたく竹帛もしるしがたきものなり。(同前)

八月廿二日。

三日に一度にかき給ふこりを廿日より廿二日にいたるまで三日つゞけてかき給ひしかば化をとゞめ給ふべき事うたがひなく思ひさだめて、もとは御枕のかたに給仕して侍りしが、最後の夜は正面にむかひていささかも目をはなちたてまつらず。(同前)

一遍は廿日より三日間つゞけて入浴したので、人々は今度入滅あることは確定的であると思つた。廿二日の晝間聖戒は一遍の枕許にあつて、死に直面した一遍の靜寂な顔を見守つてゐたが、夜になつて彼は一遍の西向きの顔の直正面に坐つてまんじりともせず夜を明かした。

八月廿三日。

その淸晨、他阿彌陀佛が調聲して修してゐた晨朝禮贊の懺悔文の歸三寶の程に出入の息のかよふさま見えず、一遍は靜かに永久にその眼を閉ぢた。

さて夜漸くありて同廿三日辰の始、晨朝の阿彌陀經のをはるとひとしく禪定に入るが如くして往生し給ひぬ。諸人更にこれをしらず念佛結願の後、他阿彌陀佛、阿彌陀經をはじめ給ひたりける時こそはや御臨終としりて聲々になきかなしみけれ。

（繪詞傳第四）

第十章　その教義

一

宗教心、すなはち眞實を求むる心は永遠の時間空間に亙つて一貫する眞理である。宗教心が日本民族の上に現はれては、身心の穢醜を去つて淸明なるものに至らんとする「淸き明《あか》き心」であり、至誠奉公の念願の上に、はからひを捨てた無雜の境地であり、ともにことあげせぬ神ながらの道を行するところの日本精神として嚴存する。この心を淨土教をもつて云へば貪瞋痴の三毒より離れて、淸淨願往生心（眞實を求むる心）に生きることである。

眞實の生活とは、すなはち願生彼國の念願に生き拔くことであつて、特に法然、一遍によつて信證されたところより說明すれば、凡夫（人間）の分別意識を捨てゝ佛願に順じ佛意に從ひ佛行を行じよといふ叫びに外ならない。法然を中心とした日本淨土教が創唱されて以來、日本佛敎に於ては、もはや聖經量の多寡をもつて佛敎を論ぜず、持律の嚴をもつて佛敎を議せず、唯々菩提心の有無を以て佛敎とするに至つた。

その故に淨土敎は日本人が實際生活の上に實際的に行じつゝあつた人間生活と相應し、人間生活の根本たる精神の上に照應し、自我を捨て、理想眞實に歸す（これを南無或は歸命といふ）ことと主張するのである。

一遍は卅五歳までに研鑽したことは、この簡單なる答へを得ることであつた。

一遍が窪寺の別行によつて所謂「十一不二頌」として表現されたる。

十劫正覺　衆生界

一念往生　彌陀國

十一不二　證無生

國界平等　坐大會

なる彼のみづから發見し證明したる淨土敎の根本義は、彌陀因位（眞理の根元）の願行によつて、人々は決定的に往生を得ることは疑ひなさことである、衆生の一念と（一遍の云ふ、みづから一念發心せんほかには三世諸佛の慈悲もすくふことあたはざるものなりとの一念）と永劫に流れ響いてゐる彌陀の正覺による決定往生の眞理とは、こゝに契當して十も一も同一なる妙味を發し、生死の中にゐて生死なきを證す。それは衆生界即彌陀國として佛々相念の妙境なりといふのである。このことはこの時智眞一遍の頭腦の中に智識として完成された致理組織であつて、それが熊野の靈告によつて「阿彌陀佛（無量壽經）の十劫正覺に一切衆生の往生は（觀無量壽經）南無阿彌陀佛（阿彌陀經）に決定するところなり。」その故に、信不信、淨不淨をえらばず、その札をくばれ、念佛を上手に勸めやうが下手に勸めやうが、その勸める方法巧惡によつて一切衆生は往生するのではない。既に阿彌陀佛が法藏菩薩たりし時に一切衆生の往生は南無阿彌陀佛と決定してゐるのであるとの神宣によつて一遍は脱然として十方古今に貫さ、三世諸佛の諸佛と同一念佛の人となり、佛々相念の自得を體得した。この喜びを思はずも七言の偈をもつて頌して表白したのが

六字名號　一遍法
十界依正　一遍體
萬行離念　一遍證

人中上々　妙好華

の廿八文字である。

これを稱して六十萬人の頌《じゅ》と云はれて一遍己證の眼目となるものである。これは南無阿彌陀佛とは佛と衆生との相念の法であり、衆生が歸命するところは佛と衆生が恒《つね》に行信することである。それによつて萬事をすてゝ、佛と衆生の行信を證すべきであつて、それを除けば、その學的組織としては「十一不二偈」と同一內容を示してゐる。

しかし乍ら宗教は信證することであつて、理解することではないのであるから一遍の態野神宣は、深き自己內省と批判によつて成立した窪寺の內證を、教理の理解より教理の信證にまで押し進めた。一遍の窪寺の自證はこれによつて究極所より疑滯なき天地に永劫にとゞまることなき眞理として發展し飛躍したのである。この時、智眞はみづから一遍と改名した。

二

しからば一遍は熊野神宣を如何に自證したか。一遍上人語録に、

我が法門は熊野權現夢想の口傳なり。年來淨土の法門を十二年まで學せしに、すべて意樂（自力）のならひうしなはず、しかるを熊野參籠の時、御示現にいはく、「心品のさばくり有るべからず、此の心はよき時もあしき時も迷なるが故に出離の要とはならず。南無阿彌陀佛が往生するなり。」と云々。我れ此時より自力の意樂を捨て果てたり。是よりして善導の御釋を見るに、一文一句も法の功能ならずといふ事なし。玄義のはじめ「告勸大衆發願歸三寶」といへるは南無阿彌陀佛なり。これよりをはりに至るまで、文々句々みな名號なり。（一遍上人語録卷下）

と云ふのは一遍が解釋した神宣である。六條緣起、繪詞傳に示されたる熊野の神宣は阿彌陀佛の外用の教化の上に記述し、一遍のこの言葉は名號の內證の實德に、その法味を吐露してゐる。

一遍の「我が法門は熊野權現夢想の口傳なり、年來云々」との自覺と信念とは、

熊野の本地は彌陀なり。和光同塵して念佛をすゝめ給はんが爲に、神と現じ給ふなり。故に證誠殿と名けたり。是念佛を證誠したまふ故なり。阿彌陀經に「西方に無量壽佛まします」といふは能證誠の彌陀なり。（同前）

となつて顯現した。本地とは宇宙の眞理、垂迹とは眞理の具現化であるとして一遍の教説を窺へば、彼は垂迹を見て、本地を仰ぎ本地を知りて垂迹を拜すところの眞俗一貫の玄規に立つてゐることを知る。

依つて、熊野權現直授の法とは、印度にもあらず、支那にもあらず、我國土、日本に於て、當所直下に、國神によりて證誠されたところの、彌陀直授の信念に基く念佛の法門のことである。また、これは印度、支那、日本と三國傳承の佛教の外に、新たに神宣による相承を主張する。奉納緣起記に他阿眞教は一遍の神宣について、

故聖去る建治の比、心中無比の誓願を發し、一切の衆生を引導し、快樂不退の淨土に往

生せしめんと欲し、念佛勸進の行を企つ。茲に因つて聖道難行の家を出で、淨土易行の門に入り、修學の功を積み、漸く化他の街《ちまた》に赴く。初めに宇佐の宮に參籠し願意を祈願し玉ふ。靈夢を感じて歡喜極り無く、次に男山に登り八幡宮に參籠し三七日の丹誠を致し玉ふ。誓願の旨を祈念し已に神慮に協《かな》ひけん。久しく停《とめ》らるゝの御聲を出して宣示の旨あり。斯の時に當つて他力本願の深意を領解し、歡喜身に餘り、利他の行決定せしめ訖《をはん》ぬ。

その後、當山(熊野權現のこと)に參籠して證誠殿の寶前に於て一百箇日の懇念を凝し、日夜止む時無し。時既に到つて、證誠大菩薩親しく御正體を現し、直《たゞち》に濟度衆生の方便を示して曰く、汝の誓願不思議なり、一切の衆生を哀愍するが故に融通念佛を勸む。是實に最上の善根慈悲の至極なり。乃至、善惡を謂はず、信謗を糺《たゞ》さず。たゞ南無阿彌陀佛を勸めて、其の算を賦《くば》る可し。命終を期として更に怠ること勿れ。爾《しから》は吾は擁護して常恒に道場を去らず、汝必ず吾を忘る勿れ。吾れもまた永く汝を忘れずと云々甚深の義これ多し、即ち神殿に還入し玉ふの後、三山の諸神童子と現はれ、念佛の算《ふだ》を受けたまひて即ち化し去りたまふ。この後、此の勸化に隨ふこと樹頭の風に靡くが如し。神德の

恭々《うや〱》しきこと勝《あ》げて稱すべからざる者乎（奉納緣起記一遍上人發願の事）

と述べて、一遍が念佛する處、所在ことごとく念佛道場として、そのところ常に權現が應現し、念佛を證誠し、擁護するのである。それは一遍の精神と行動のすべては、つねに阿彌陀佛と不卽不離の宗教的信念にあることを示し、こゝに大乘佛敎の至極の法理に基礎づけをもちつゝ、しかも日本神祇思想に融會して、豊かなる宗教經驗を體せる獨得の性格をもつ一遍の宗教生活を產んだのである。

三

こゝに於て、更に一遍の宗教的自覺の過程を省みるならば、それは文永十一年、彼が卅六歲前後に既に略〻淨土敎に對する一家の敎理組織は完成してゐた。それは彼の熾烈なる求道精神によつて追究された結果であつたが、いまだ猶、その行信論にあつては一部の滿されざる境地が殘つてゐた。

その一箚子は、はからずも彼の熊野參籠によつて、權現の神宣として見事に開發された。行業不可思議はかるべからざる因緣である。これによつて一遍は卽座に光明輝耀《かく》たる十方世界に自由無礙に遊化する身とはなつたのである。

一遍の成道の因をなした熊野證誠殿とは本地垂迹の說によれば、その本地は阿彌陀佛にして、證誠殿は念佛を證誠せん爲に一座無爲の本地より垂迹の方便を紀州無漏の郡に下りたまうた。一遍は實に、この時始めて、淸淨眞實の心を心として體得することを得て、それによつて、彼は信心決定の行者として、斷然自受用法樂の座より立つて、身命を放擲して歡呼しつゝ、念佛勸進の旅に赴くに至つたのである。それよりして彼は、その死に至るの日までを寧日なく遊行化益をつゞけ、世壽五十一歲にて歿する日まで十有六年倦むことなく日本國中を步きつゞけ、後に「日本國中念佛弘道の大導師」と稱せられるところの遊行上人の濫觴をなした。

しかし、こゝに一遍の嚴肅なる敎化の一面に彼がまた人間として、實に自在なる行動をもち、豐富なる人間性の上に巧まざる生活記錄を殘したことを逸してはならない。そのことについては、さきに引用した六條緣起にも繪詞傳にも隨所に表現されてゐるけれども、

なほ、その一例として六條縁起に、

因位の悲願果後の方便ことく〳〵く念佛の衆生のためならとずいふ事なし。しかあれば金方刹の月をあふかむ人は頭を南山の廟にかたぶけ、石清水の流をくまむたぐひは心を西土の教にかけざらむや。それよりよどのうへと申す所におはしまししし時、大炊御門の二品禪門（後の太政大臣）うちはをもち給ひたりけるに、とりえのいさゝかけがれて侍りける。こゝろにかゝりて思ひ給ひけれども、もちておはしたりけるに、聖うちみたまひて、なにといふことはなく扇をこひて、こがたなにて柄をけづりてかへしたまひたりけり。（六條縁起第九）

ある如く、また、

四接法をもて機に應じてたはぶれなどし給ひしかども、度を失し禮をたがふる事はなかりき。但、しいて信ずるともがらもあり、しらで謗するたぐひもあり、信謗ともに益を

うるは大乘の深意なれば、みな度生の因縁ならずといふ事なかるべし。（六條縁起第十）

と、如實に、人々に對し、種々な角度から敎化したのであつて、その一面的でなかつた消息を物語つてゐる。

四

一遍が熊野の神宣によつて、念佛の一法を證誠されて以來、彼の行動は行雲流水のまゝなる遁世の聖であつた。彼はそれより、その全生涯を盡して、只管佛祖の行履に隨順し、名譽、利益《えき》、榮達等から遠ざかり、庶民の爲に不請の友となつて、個人の覺醒の上に正しき宗敎を示し、ひいては一國全體の上に、乃至は天地法界の上に、ひろく「和」の世界を成就せんことを念願とした。

亦一遍は源空法然によつて創唱された淨土敎の遺法を文字通り、身を以て履踐し、命にかけて奉行した一人である。その爲に一遍は高き敎理の樹立や敎義の洗練を目的とはしなかつた。彼はもつぱら人間救濟を第一義諦とし、實際生活の上に念佛生活を高調するのみであつた。一遍が彼の生存中は勿論、彼の教團は室町時代に及ぶ迄も獨立した宗名をもたなかつた所以は蓋しそこにあるのである。まして、教會の經營、寺塔の建立には彼は一指をも染めてゐない。

しかし、一遍の教學上の立場を云々するとなれば、それは矢張り法然によつて唱へられたる「偏へに善導一師に依る」を標榜して創唱された撰釋本願の念佛を聞信行證することであつた。また教理組織の根本聖典を求むるとすれば、それも法然の撰釋集において明されたところの所謂淨土の三部經（大無量壽經、觀無量壽經、阿彌陀經）と天親の所造に關る、無量壽經、優婆提舍願生偈、即往生論の三經一論を所依とし、經の釋義に於ては善導の疏釋である五部九卷を指南とすることにおいては、他の淨土教の諸祖、西山證空、鎭西聖光、眞宗親鸞等と何等變るところはない。

只、それ等の諸師と異る點は、思想的には法然によつて確立されたる淨土教信仰の實踐にあつたが、一遍の個性及び信念獲得の動機並びに教義表詮の形式に於ては、その信仰の基礎を文永十一年、彼の卅六歳にして感得せる熊野權現の神宣においたことである。以來一遍の日本に於ける大小の神祇との交渉は極めて深く、佛敎者との關係も特異な人々を限つての外は極めて稀である。かの鎌倉入の節にも「法師にすべて要なし。只人に念佛をすゝむるばかり」と云ひ、また天王寺に納めた時衆制誡にも、その冒頭に神祇を敬ふことを示してゐる。

その文は、他阿眞敎の奉納緣起にあり、、その全文を擧げれば、

時宗制誡

專仰神明威《もつぱらしんみやうのゐをあふぎ》　莫輕本地德《ほんちのとくをかろんずるなかれ》
專念佛法僧《もつぱらぶつぽふそうをねんじて》　莫忘感應力《かんのうのちからをわするゝなかれ》
專修稱名行《もつぱらしようみやうのぎやうをしゆして》　莫勤修雜行《ざふぎやうをつとむるなかれ》
專信所愛法《もつぱらしよあいのほふをしんじて》　莫破他人法《たにんのほふをやぶることなかれ》
專起平等心《もつぱらびやうどうしんをおこして》　莫差別思《さべつのおもひをなすことなかれ》
專發慈悲心《もつぱらじひのこゝろをおこして》　莫忘他人愁《たにんのうれひをわするゝなかれ》
專備柔和面《もつぱらにうわのおもてをそなへて》　莫現嗔恚相《しんいのさうをげんずるなかれ》
專住卑下觀《もつぱらひげのくわんにぢゆうして》　莫發驕慢心《きやうまんのこゝろをおこすことなかれ》

專觀不淨源《もつぱらふじやうのみなもとをくわんじて》　莫起愛執心《あいしふのこゝろをおこすなかれ》
專觀無常理《もつぱらむじやうのりをくわんじて》　莫發貪欲心《とんよくのこゝろをおこすなかれ》
專制斷自過《もつぱらじしんのあやまちをせいたんして》　莫謗他人非《たにんのひをそしるなかれ》
專遊化他門《もつぱらたもんにゆうげして》　莫怠自利行《じりのぎやうをおこたるなかれ》
專恐三惡道《もつぱらさんあくどうをおそれて》　莫恣犯罪業《はんざいのごふをほしいまゝにするなかれ》
專願安養樂《もつぱらあんにやうのかくをねがひて》　莫忘三途苦《さんづのくをわするゝなかれ》
專住往生想《もつぱらわうじやうのおもひにぢゆうして》　莫怠稱名行《しようみやうのぎやうをおこたるなかれ》
專持念西方《もつぱらさいはふをぢねんして》　莫分心九域《こゝろをきゆうゐきにわかつなかれ》
專修菩提行《もつぱらぼだいのぎやうをしゆして》　莫交遊戲友《ゆうぎのともにまじはるなかれ》
專守知識敎《ものはらちしきのおきてをまもりて》　莫恣任我意《ほしいまゝにわがこゝろにまかすなかれ》
我遺弟等《わがゐていとう》。至于末代《まつだいにいたるまで》。須守此旨《このむねをまもりて》。努力勿怠《つとめてさんごうの》　三業行體《ぎやうたいをおこたるなかれ》。南無阿彌陀佛。一遍

とある。

なほ、一遍が成道（熊野神宣によりて理智契當せるをいふ）以來、彼が參詣參籠せる神社佛閣を六條緣起、繪詞傳から擧げると、

文永十一年（三十六歳）
六條緣起　　　繪詞傳
天王寺
高野山
○熊野
○新宮
建治元年（三十七歳）
同　二年（三十八歳）
○大隅正八幡　　○熊野
同　三年（三十九歳）
弘安元年（四十歳）
○安藝嚴島
○吉備津宮　　○吉備津宮
弘安二年（四十一歳）

因幡堂
善光寺
弘安三年（四十二歳）
○闕の明神　○しほがま明神
弘安四年（四十三歳）
片瀬地蔵堂　○龍口龍神
弘安五年（四十四歳）
○三島明神
弘安六年（四十五歳）
甚目寺　甚目寺
闕寺　闕寺
弘安七年（四十六歳）
釋迦堂　釋迦堂
市屋道場　市屋道場

弘安八年　（四十七歳）

弘安九年　（四十八歳）

○美作一の宮　四天王寺

○住吉

○八幡宮（男山）

天王寺

弘安十年　（四十九歳）

太子御墓

當麻寺

○嚴島

○一の宮

正應元年　（五十歳）

繁多寺

○三島明神　○三島

正應二年　（五十一歳）

〇二の宮　〇三島の神官

〇北野大神　觀音堂

光明福寺　〇西宮の神主

〇西の宮

となり、一遍が佛寺より好んで神殿を選んだことがわかる。勿論この當時は神佛の習合時代であつて、現在の如く明瞭に神佛を區別することは困難であるが、それにしても一遍が如何に我國の宗敎思想史上に獨自なる敎旨を示し、神祇思想上に斬新なる解釋を持つたかを示してゐる。

第十一章　時　衆

一

一遍は熊野權現の神宣によつて、南無阿彌陀佛卽往生の他力救濟の自覺を得た。それによつて彼は、この名號を勸める爲に遊行賦算の旅にのぼつた。それより一遍の生涯をつくした果てしなき巡歷は殆んど日本全土に及び、爾來一遍の跡を繼承したる他阿の代々が所謂遊行上として、また、遊行回國することによつて星霜七百年、いまにいたるまで遊行上人の跫音は絕えたことはない。

一遍は自らを捨聖《すてひじり》と稱し、一切の所有から離れて、身命をも遊行化益に捧げて佛訓に答へ、彼は彼の臨終平生、平生臨終の言葉よりも離脱して、常に當體の一念に住した。彼は名號の願力に乘托して白道精神の念佛生活を營み、淸淨眞實の念佛者として人々を敎化した。

一遍の教説を信じ、一遍に歸依した人々の間に、自然に一つの教團が出來た。それは何時とはなしに時衆と呼ばれた。時衆は一遍と同様に頭陀行を根幹として名號に乘托した人人である。頭陀行とは、衣食住より必要以上の貪慾を捨てよといふ釋迦の遺訓の謂《いひ》であつて、その外に時衆は道心の有無により一乘成佛思想に立脚し、一遍を現前の知識と頼《たの》むことであつた。時衆は此等の人々が一遍に對して簡單に歸命戒を修して入團を許され、それによつて結ばれたる僧尼共住の團體である。

一遍は時衆を伴つて全國を巡歴して賦算化益を行つた。一遍の採つた教化の方法、即ち化儀に於て一遍が生命としたものは賦算である。賦算とは熊野權現の神宣によつて決定されたる、

南無阿彌陀佛（六十萬人決定往生）

の算《ふだ》を一切の人々に配ることであつた。一遍はかの「佛は五事をなす。一には法輪を轉ず。二には父母を濟度す。三には信なき人に信を得せしむ。四には未だ菩提心を發《おこ》さざる者に、その心を發さしむ。五には成佛の決を授く。」と曾つて釋迦も成したるが如く、彼も常に一所不住、大自然の暴威を犯し、山河の嶮峻を凌いで、櫛風沐雨、風餐露宿しつゝ、

随處随時に法輪を轉じて、その札を配つた。

この札を成佛の決、或は往生の記莂といふのである。記莂とは釋迦が正道修行者に佛道の成就を豫言して佛道に專念せしめたことを云ふのである。一遍の念佛賦算も同じく、一切の人々の心田のうちに深く佛種を下して往生の保證をすることであつた。この方法は日本佛教史上、古今獨自の創見となつた。

二

一遍は賦算を行じつゝ、一切の被所有から脱却して、自由無礙の境地に遊化した。彼の生活は常に乞食として飢餓を凌ぎ、衣服も喜捨施入によつて寒暑を防ぎ、しかも佛制を堅く守つて越えることなき生涯を完うした。

食に就いてこれを云へば、彼は終始、人の供養によつて生き、屢〻飢えんとし、また供養山積すれば群り寄る非人乞食とともにその食をともにした。衣服のことに就いては、藤原有房をして「つたなき馬衣をきたるありさま、ひとへに外道のごとし。」罵言に窮する程の粗衣をもつてし、一生つひに絹綿のたぐひをはだに觸るゝことがなかつた。

更にその居住に至つては、一所不住の故をもつて何の執着もなく、社殿の拜殿、佛寺外緣に宿し、宿なければ草を積んで枕とし苫をはらつて莚とする。或は輦轂の下、或は國々の都邑、或は山懷の五戸の村、或は雲煙の彼方に點在する漁家、みな等しく念佛の道場であつた。また一遍の化益賦算ほど多くの階級の人々に接した記錄もまれであらう。彼の賦算の對象としては大臣、公卿、武士、商農、土民、娼婦、非人、乞食、盜賊等何れも人であることにおいては區別の要なく、信ずる、信ぜざる、淨き、淨からざる、男女老若ことごとく救濟をまつ人であることに於て、彼が目には同じものと映つた。

一遍の賦算巡歷は人々を宗敎の自覺に導くためには極めて直接的に效果ある方法であつた。うちつゞく天變地異と果てしなき社會の動搖、經濟上の不安の爲に現世に光明を失ひ空しく背覺合塵にまみれてゐた人々を容易に永生の樂果に悟入せしめた。

現實の個我の上に、卒直なる反省と罪惡感自覺による一遍の宗敎運動は從來の煩瑣なる概念的形式主義を打破し、陳腐なる理論を乘り超えて大乘佛敎の自由無礙の生命を與へた。そしてその運動は間もなく踊念佛（踊躍念佛）に發展した。これは大乘の菩薩の遊戲の世界を逍遙する一つの方法であつた。一遍の踊念佛は既に示した如く、立脚地を異にする人々からは既述の如く批難され、了譽聖冏の破邪顯正義にも「偏に狂人の如くにて」と言ひ、「頗る江魚の渚に餌《えくら》ふ如く、又山猿の梢を拾ふに似たり」と酷評を被つたけれども、それによつて敎團は益々膨んして行つた。

一遍はこの外に歌謠によつて人々の宗敎的情操を陶冶すべく、勝れた淨土和讃を作つて聲々に唱へしめた。又彼は遊行回國の隨處に、或は歲末に一定の日時と場所を限つて別時念佛を修して過去を反省し、未來に力を與へしめた。

三

一遍の死によつて敎團の人々が如何に悲嘆に暮れ、追慕の淚をしぼつたかは六條緣起に、

于時春秋五十一。八月廿三日の辰の始、晨朝の禮讃の懺悔の歸三寶の程に出入のいきか

よひ給ふも見えず、禪定にいるがごとくして往生し給ひぬ、眼の中さはやかに赤き物もなし。かねておほせられしにすこしもたがはざるゆへに、これを最後のきざみとしるばかりなり。かねて臨終の事をうかゞひたてまつる人のありしかば、よき武士と道者とは死するさまをあだにしらせぬ事ぞ。我をはらむをば人しるまじきぞとの給ひしを疑をなすともがらも侍りしに、はたしてをはりたがふ事なかりき。このほか病中に不思議おほしといへども、事しげきゆへにこれを記せず。勢至菩薩の化身にておはしますよし夢想どもあまた侍りしに、廿三日にしもをはり給ひぬるはあやしきことなれども、いさゝかの靈瑞もある人をば權者とと申すことはその詮なき事なり。さても八月二日の遺戒のごとく時衆ならびに結緣衆の中に、まへの海に身をなぐるもの七人なり。身をすてゝ、知識をしたふ心さし、半座の契、同生の緣あにむなしからむや。はるかに釋尊の涅槃を思へば、身子日蓮は悲歎して雙林の庭にさきだち、阿難、羅云は憂惱して舍維の砌にとゞまりき。賢聖なをしかなり。いはむや凡夫をや。たゞ闇に燈をけし、わたりに舟をうしなへるがごとし。歿後の事は我が門弟におきて葬禮の儀式をとゝのふべからず、野にすてゝけだものにほどこすべし。但在家のものの結緣のこゝろざしをいたさんをばいろふにおよばずと申されしに、在地人等まいりて御孝養したてまつるべきよし申しゝかば遺命にまかせてこれをゆるしつ。よりて觀音寺のまへの松のもとに荼毘したてまつりて在家のともがら墓所莊嚴したてまつりけり。彼の五十一年の法林すでにつきて、一千餘人の弟葉むなしくのこれり恩顏かへらず在世にことなるは四衆戀慕のなみだ、欵誠ながくたえぬ。平時におなじきは六時念佛の音ばかりなり。（六條緣起第十二）

と書き、その後に時衆の人々が「たがひに西刹の同生をちぎりて、こゝにわかれ、かしこにわかれし心のうちすべて詞のはしにものべがたく筆の跡にも記しがたき」別れをしたことを記し、聖戒はその時、ある人のすゝめによつて六條緣起を起稿したことを付して卷末の由來書としてゐる。

これに反して繪詞傳は「たがひに西刹の同生をたのむばかりにて、こゝかしこになきかなしみけるありさま詞の林をたづね筆の海をくみてもいひつくしがたし。」（繪詞傳第四）と結んで時衆の人々が他阿眞敎によつて再び遊行賦算を繼續されるまで、悲歎には暮れてゐたけれども、それがその場で解散したものではないことを暗示して餘韻を殘してゐる。

六條縁起十二卷は卷末の「言辭たらずして耳にいるたのしびなしといへども、書圖與をなさば、なむぞ目をよろこばしむるもてあそびとせざらむ。たゞこれ毀譽ともに緣をむすび、存亡おなじく益をほどこさむとなり。たとひ時うつり事さるとも、もし古へをたづねあたらしきをしらば百代の儀表千載の領袖にあらざらむかも。」にて結末し、繪詞傳は今後のことに全十卷のうち六卷を費して、その後の敎團が他阿眞敎によつて繼承され、眞敎が遊行回國したる有樣を詳述するのである。

それによると時衆の敎團は一遍死後、行くともなく丹生山に分け入つたのであるがやがて他阿を知識として化導に赴くことから、繪詞傳第五（以下各卷他阿眞敎傳記）は始まつてゐる。この時眞敎は一遍に長ずること二歲。五十二歲であつて、彼が九州にて一遍に隨逐してより十一年目であつた。

四

一遍は性格的に孤高、やゝ狷介の風があり晩年に及んで、滋味深き枯淡なる風格を現したのであるけれども、その教團に他阿眞教の如き圓滿溫厚の長者がゐなかつたとすれば、彼の透徹せる教理も端的にして微妙なる教說も、そのまゝ地下に埋れて無價と化してしまつたであらう。空也光勝の銳利なる、沙彌教信の敦厚なる念佛生活は、一遍の如き具眼者によつて再び見直されたのであるが、彼等がよき後繼者を有してゐたならば、彼等のその信仰生活は更に日本民族の精神の上に大なる光明となつて具現されたことであらう。

眞教は、年長にして篤實柔和なる相貌、高き識見を以て、遂に遊行二祖として、飄然と一遍の行實に倣ふべきとし、時衆を引具して遊行の旅に出た。その時の模様を繪詞傳は、

さて遺弟等知識にをくれたてまつりぬるうへは速に念佛して臨終すべしとて丹生山へわけ入りぬ。林下に草の枕をむすび、叢邊に苔の莚をまうけて夕の雲に臥し、曉の露におきては、たゞ上人戀慕の涙をのみぞながしける。かくて山をこえ谷を隔てゝ或所に寺あり佛閣零落して蘿苔礎を埋み寺院破壞して荊棘道を塞《ふさ》ぐ。この所にて暫く念佛しけるに賤しき樵夫も供養をのべ幼き牧童の發心するもあり。又此の山のふもと粟河といふ所の領主なる人、もうでゝ念佛うけたてまつらむと申しけるを、他阿彌陀佛曰く、聖は已に

臨終し給ひぬ。われらはいまだ利益衆生にむかひたらばこそと仰せられけるを、かやうに縁をむすび奉るべきものの侍る上は、只給はらむと頻に所望しける間、始て念佛の算を給ひぬ。此の堂を極樂淨土寺といひける時から不思議にぞ侍る。さて此如化導ありぬべからんには徒に死しても何の詮かあるべき、故聖の金言も耳の底に留り侍れば化度利生し給ふにこそとて他阿彌陀佛を知識として立ち出でにけり。此の聖は眼に重瞳浮びて纖介の隔てなく面に柔和を備へて慈悲の色深かし。應供の德至りて村里盛なる市をなし利益をのづから用を施して國土遍く歸伏するありさま誠に權化の人ならではかゝる不思議はありがたかるべき事にや。(繪詞傳第五)

と記してゐる。眞敎は正應三年の夏に越前を賦算し、四年八月には加賀を敎化し、五年秋再び越前を遊行し、永仁五年上野に入り、六年武藏に到り、引返して越中、越後、信濃、甲斐を廻り相模より武藏を巡化した。其後、伊勢、近江、攝津に賦算し、嘉元二年一月法燈を三代知得中聖に讓つて、相模國無量光寺に入り獨住を始めた。眞敎は此の時七十歳に垂々とする高齢であつて、中風の甚だしきに惱み歩行することが不可能であつた。

三代中聖有學の聞え高く、四代呑海、藤澤に藤澤道場を建立し、遊行、藤澤の兩系を生ずることとなつた。五代安國、藤澤道場をして京都に於ける時衆の大道場七條金光寺と同格に置きて本山とし、六代一鎭の時には德化盛にして貴賤の歸依多く藤澤道場の寺領二萬石に及んだと云ふ。北條氏は略ゝ此の期間に滅び、建武の中興の後吉野朝時代に移る間宗勢は異常急激なる發展を遂げた。

五

一遍の成道より七代託阿の遊行を終るまで八十年、代々遊行化益によりて、一宗の地盤は內外に擴大し、その徒より北海道、樺太の布敎に趣た者もあつた。

八代渡船の時、本堂の再建成り、「淸淨光寺」の勅額を賜り、その頃、後村上天皇の御猶子探勝親王の御入門あり、一宗敎團は飛躍的發展の段階を示した。九代白木、十代元愚十一代自空の後、遊行十二代を繼承され賜ひしは探勝親王であらせられる。御法名は尊觀法親王。親王はもと龜山天皇の第七皇子、一品式部卿常磐井恒明親王の第三皇子にあらせられ正平四年御生誕。一度後村上天皇の御猶子に立たせられた。親王は御歳十二歳、吉野宮を去られて八代渡船《とせん》の門に入らせられ、藤澤道場にて九年間御修學の上、攝津國兵庫眞光寺、羽前國山形光明寺に各八年、及び甲府一蓮寺に二ケ年御住持あらせられて、元中四年二月廿六日遊行第十二代の法燈を御相續し給うたと傳へられる。

其後親王は高貴の御出身を以て敎化遊行の辛勞を嘗めさせられ、遠くは薩摩國にも入らせられて御巡化を遊ばされ、首尾十四年、應永七年十月廿四日、長門國下關專念寺にて御入寂あらせられた。

尊觀法親王の後、尊明、次で第十四代太空、十五代尊惠、十六代南要、十七代暉幽、十八代如象、十九代尊皓、廿代一峯、廿一代知蓮の世代は吉野朝より室町時代に亙り、鎌倉新興佛敎はやうやく傳播浸潤して、舊佛敎は漸次衰退して行つた時であつた。殊に時宗は、その時代、上下の信仰を風靡し、以下廿二代意樂、廿三代稱愚、廿四代不外、廿五代佛天、廿六代空達、廿七代眞寂、廿八代遍圓、廿九代體光、卅代有三、卅一代同然までの一遍死後約三百年間は、宗運の隆盛を極めた時であつた。

卅二代普光。この時、國内は豐臣秀吉により群雄割據の鬪爭は平定され、その死後、德川家康によつて江戸幕府の創設となつたのである。その間、關ヶ原の戰に際して普光が常陸の佐竹氏の出身たるにより、藤澤道場にその徒潜入して家康を狙ひたる事件（或は家光の上洛の時とも云ふ。未詳）あり、時に衆領軒廓道の機宜の所置により、辛くも、その破滅を免れたのであるがその事情は直ちに一般末寺に注進され、主要なる格寺と注進の遲延したる山間の寺を除くの外、多くは急遽轉宗して、普光をして佐竹家の文書に「御國替の後、藤澤儀も寺領笑止千萬歎かはしき迄に候」と云はしめ「其國下末寺等數多退轉候、諸國末寺等殘らず破滅迷惑候條憚りながら此の如く申し入候事に候。」と概歎させるに至つて急轉直下宗勢は衰微したのである。

六

この事件後、時宗の宗勢は再び恢復せず、卽ち江戸幕府の確立に依る宗敎政策によつて活潑なる敎線の擴張はまつたく停止されて、かくて宗團は縮少のまゝ今日に及んだのである。

その後の時衆教團の知識たる遊行を繼承せる人々には、
三十三代　滿悟
三十四代　燈外
三十五代　法爾
三十六代　如短
三十七代　託資
三十八代　卜本
三十九代　慈光
四十代　樹端
四十一代　獨朗
四十二代　尊任
四十三代　尊信
四十四代　尊通
四十五代　尊遵

四十六代　尊證
四十七代　唯稱
四十八代　賦國
四十九代　一法
五十代　快存
五十一代　賦存
五十二代　一海
五十三代　尊如
五十四代　尊祐
五十五代　一空
五十六代　傾心
五十七代　一念
五十八代　尊澄
五十九代　尊敎

六十代　一眞
六十一代　尊覺
六十二代　尊龍
六十三代　尊純
六十四代　尊昭
六十五代　尊光
六十六代　無外
六十七代　尊淨
六十八代　一致
六十九代　一藏

（終）

遊行　一遍上人

2016年2月10日　第1刷発行

著　者　吉川　清
発行者　谷口　直良
発行所　㈱たにぐち書店
〒171-0014　東京都豊島区池袋2-69-10
TEL. 03-3980-5536　FAX. 03-3590-3630
http://t-shoten.com　http://toyoigaku.com